弗洛伊德：疯狂中的真理

SIGMUND FREUD
« UN TRAGIQUE À L'ÂGE DE LA SCIENCE »

［法］皮埃尔·巴班　著
秉彝　译

中国·广州

图书在版编目（CIP）数据

弗洛伊德：疯狂中的真理 / （法）皮埃尔·巴班著；秉彝译. -- 广州：花城出版社，2025.4. -- （纸上博物馆）. -- ISBN 978-7-5749-0418-7

Ⅰ. K835.215.1

中国国家版本馆CIP数据核字第2024NH3646号

著作权合同登记号 图字：19-2024-323 号

For Sigmund Freud. «Un tragique à l'âge de la science»:
First published by Editions Gallimard, Paris
© Editions Gallimard, collection Découvertes 1990

本书中文简体版专有版权由中华版权服务有限公司授权给北京创美时代国际文化传播有限公司。

出 版 人：	张 懿
项目统筹：	刘玮婷　林园林
责任编辑：	刘玮婷　鲁静雯
特邀编辑：	吴福顺
责任校对：	张 句
技术编辑：	凌春梅　张 新
封面设计：	墨 非
版式设计：	万 雪

书　　名	弗洛伊德：疯狂中的真理
	FULUOYIDE: FENGKUANG ZHONG DE ZHENLI
出版发行	花城出版社
	（广州市环市东路水荫路11号）
经　　销	全国新华书店
印　　刷	天津睿和印艺科技有限公司
	（天津市武清区大碱厂镇国泰道8号）
开　　本	710毫米×1000毫米　16开
印　　张	12.75　1插页
字　　数	196,000字
版　　次	2025年4月第1版　2025年4月第1次印刷
定　　价	78.00元

如发现印装质量问题，请直接与印刷厂联系调换。
购书热线：020-37604658　37602954
花城出版社网站：http://www.fcph.com.cn

拉尔夫·斯特德曼之后的
弗洛伊德

1979 年，英国插画家拉尔夫·斯特德曼（Ralph Steadman）出版了一本漫画书，名为《西格蒙德·弗洛伊德》，他说：

　　"创作这本书，最初是因为我想要用图片阐述一系列经典的犹太笑话。不久之后，我阅读了弗洛伊德在 1905 年发表的《诙谐及其与无意识的关系》，深陷其中。弗洛伊德在这本鲜为人知的书中对诙谐进行了一番分析，我决定据此进行创作，结果却发现我笔下的画自然而然地描绘出了他的一生……也许这本书对你学习意识的本质没有什么帮助，但要是我，就不担心这个了。只要你还懂得品味幽默，我这本书对于了解我们世界最伟大的思想家之一可以说是一个无痛的学习方式。"

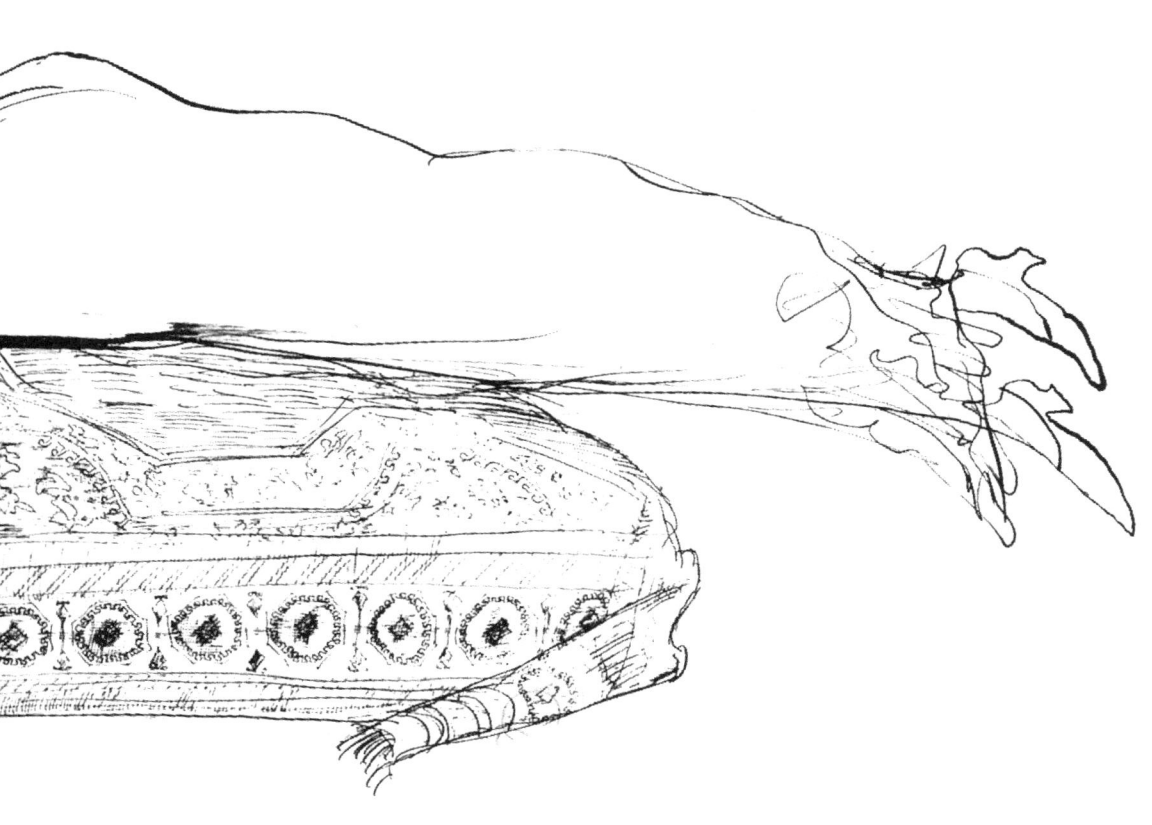

目录
Contents

第一章 "在我心里，我什么都不是"　001

1856年5月6日，弗洛伊德出生于摩拉维亚。因为破产，他的父母移民到了维也纳，钱是他一直操心的问题。医科毕业后，他在实验室开始了短暂的职业生涯。在遇见未来的妻子玛莎·伯奈斯后，他成了一名神经科医生。

第二章　伟大的转折点　019

1881年，弗洛伊德成为医学博士。1885年，弗洛伊德到巴黎跟随沙尔科研究歇斯底里症。此后，他完善了他的催眠技术，并于1886年在维也纳开设了一家诊所。

第三章　真理帝国　041

弗洛伊德确定了性虐待在神经症构成中的作用，并试图理解梦的形成及其意义。1896 年，在父亲去世后，他发展了俄狄浦斯情结理论，出版了《梦的解析》，并被任命为大学教授。

第四章　一场永无止境的运动　069

弗洛伊德想分享他的想法：从 1902 年起，他就在家里举行"星期三心理学会"。1909 年，弗洛伊德在荣格与费伦齐的陪同下来到伍斯特的克拉克大学，精神分析走向国际化。

第五章　这是真的吗？　093

1923 年，弗洛伊德患了口腔癌，此后接受了一系列的手术。他努力工作和写作，由他的女儿安娜·弗洛伊德负责官方精神分析理论的传播。1938 年，她被盖世太保逮捕，弗洛伊德被迫流亡，于 1939 年 9 月 23 日在伦敦去世。

资料与文献　111

«DANS MON FOND, JE NE SUIS RIEN»

第一章
"在我心里，我什么都不是"

"问题很深奥，我的解决办法却那么简单，这种不对等，我比谁都清楚。为了给我公正的惩罚，我作为凡人中第一个步入未探索的领域的人，这领域不会以我的名字命名，也不会服从我的律法。"

致弗利斯
1900 年 5 月

谁敢声称自己能够诠释人类心灵的黑暗领域？谁敢像摩西一样立下律法？

1856年5月6日，弗洛伊德出生在奥地利帝国北部摩拉维亚的弗赖堡，离波兰边境不远，在今天的捷克共和国一侧。

犹太人弗洛伊德家族，奥地利的异乡人

"我的父母是犹太人，我也是犹太人。据我所知，我父亲的家族在莱茵河畔，也就是科隆附近停留了很长时间，在14或15世纪时，他们受到迫害，逃难到东方，又在19世纪由立陶宛南下经过加利西亚，回到德语系国家奥地利。"

弗洛伊德家族是犹太人，也是异乡人。这个特点在当时异族杂处的复杂环境中其实并不奇怪，如果不是涉及固执的斗争、冒险、祖祖辈辈的迫害、四处流亡，以及无法逃避的当地货币和当地政府，这个特点甚至可能是微不足道的。直到1856年，帝国当局才宣布不再迫害犹太人的法令。1848年7月10日的法令废除了此前对犹太人婚姻和迁居的歧视性法例。不过，每逢迁居或从事某一职业，他们还是必须取得官方许可，有些行业是禁止犹太人从事的。他们在法律许可上的真正解放，要到1867年才开始。

这幅有关流亡的图画中，隐藏着另一种形式的流亡：弗洛伊德被迫舍弃了他的母语意第绪语，这种语言是在16世纪左右，由中古高地德语和移民所经的各个国家的语言混合而成的。

对于弗洛伊德家族来说，迁居是常事。那个时代的犹太人除了做生意，在社会上、经济上几乎没有其他选择。

雅各布·弗洛伊德，拉比① 什洛莫·弗洛伊德的儿子，拉比埃弗拉伊姆·弗洛伊德的孙子

西格蒙德的父亲，生于1815年12月，是一名布料商人。他以贩卖布料为生，从另一个城市买整匹布料，存放在家里一楼，楼上就是全家生

孩提时候的往事在无意识中翻涌着。西格蒙德出生的时候，他的父亲41岁，还有一个23岁的同父异母的哥哥，年龄足以当他的父亲。他哥哥还有一个比西格蒙德大1岁的儿子约翰，他还要叫西格蒙德叔叔！另一个同父异母的哥哥20岁。三个男人围着摇篮。但弗洛伊德没有像篮子里的摩西那样，母亲阿玛莉亚还生下了尤利乌斯和安娜，尤利乌斯8个月大时夭折了。他们一家子挤在锁匠扎伊奇家的一个房间里。后来在维也纳，西格蒙德又有了四个妹妹和最小的弟弟亚历山大。

① 指犹太人学者。——除特殊标注外，本书注释均为译者注

第一章 "在我心里，我什么都不是" 003

活的地方。雅各布想用布料做点生意，但生意不好，处境窘迫，仅能维持尊严。西格蒙德出生时，他已经有两个儿子：伊曼纽尔和菲利普。1832年，16岁的雅各布娶了第一任妻子萨莉·康纳。他的第二任妻子，西格蒙德的母亲阿玛莉亚，1835年8月18日出生在敖德萨的纳坦松家，她精明能干，不仅照顾好家中日常开支，还能供西格蒙德上学。西格蒙德也不负所望，在学习中很快表现出品位和求知欲。

前往维也纳：经商，立足

资本主义的曙光对经商来说可不是一个好兆头。家里的经济困难变得越来越严重，最终走向破产。"在我大约3岁的时候，我父亲从事的行业遇上了一场灾难，家产都没了。我们只好离开这里，搬到大城市，之后就是漫长而艰难的求生岁月。"

为了躲避债主，弗洛伊德一家像许多穷人一样，收拾好家当搬到大城市，那里璀璨的灯光能给人带来希望。在维也纳，他们一家仍然穷困

在西格蒙德35岁生日时,父亲雅各布把家传《圣经》送给了他,并在书上题道:"我亲爱的儿子……圣灵会这样对你说:'读我的书,那里有知识的来源。'"(左图是这对父子的合影)

不堪,导致弗洛伊德到了40多岁依然对谋生耿耿于怀:赚到钱,代表着一个四处流亡的犹太人在社会上找到了自己的位置。

掉到污泥里的帽子

在生活艰难的时候,弗洛伊德的父亲给他讲了一个故事,这个故事是他一直以来为争得社会地位而苦苦战斗的毅力来源。父亲说:"我年轻的时

母亲是个坚强的女人,但弗洛伊德提到她的时候不多,下面引用的这段话,可以称为厨房里的形而上学:"我6岁的时候,妈妈给我上课。她告诉我,我们是由泥土构成的。我表示怀疑,我妈妈便双手互相摩擦(就像揉面团一样),给我看她搓出来的一些黑黑的污垢,来证明人确实是泥土构成的。这让我十分惊奇。"(《梦的解析》)

候,还在你出生的那个城市里。有一个星期六我出门散步,我穿着整齐,戴着一顶新皮帽,在路上遇到一个基督徒。他不断推搡我,把我的帽子一把扔到污泥里,还一边骂道:'犹太狗!从人行道上滚下去!'到了这种时候,你会怎么办呢?我走下了人行道,到污泥里捡起了我的帽子。"

在他一生的大部分时间里,都赢得了整个欧洲的最大敬意。正如他父亲的故事中所说的,他始终毫不懈怠地争取着尊严,不带仇恨地捡起其他人想要丢弃的东西。

无论在什么情况下,弗洛伊德家族都不会丧失尊严。在穷困潦倒中,在维也纳犹太人区的深处,在坚强意志与宗亲社团的支撑下,雅各布和阿玛莉亚挺过去了。而对于西吉斯蒙德·弗洛伊德(那时他还没有改名叫"西格蒙德")而言,"他的位置"不在金钱事务中,这个乡下孩子会自发地在书中、在思想和想象力的空间中找到自己的一席之地。这个隐秘的内在空间坚不可摧。

贯穿了《圣经》价值观的希伯来传统对弗洛伊德来说有多大分量？会是一个不可避免的传承节点吗？

"两个犹太人在一个浴场相遇，其中一个问：'你洗过澡吗①？'另一个回答：'怎么？难道少了一个吗？'"（《诙谐及其与无意识的关系》）

---

① 含有"你带了澡盆吗？"的字面意思，类似于英语中的"take a bath"，"bath"有澡盆的意思。

这个小男孩在文化和知识方面早熟得令人惊奇。很小的时候就无所不读,让他不仅在文化知识上得到增长,还拥有了一种强大的接受能力。这些书没有消除差异,而是放大了差异,让弗洛伊德对这些差异充满热情。对生活的渴望和对知识的渴望结合到了一起,让他保持清醒。精神分析就是在这种开放性中诞生的。

"热衷于读书……"

因为生活环境不好,小男孩出于自我保护,躲进了经典著作里。他在学校表现得很好,8岁时就读了莎士比亚。

上了中学,在老师和同学们的支持下,他终于和现实世界有了接触,在这个世界里,一切都通过情感的紧张或放松展现,新思想和新面孔的出现,也使原来作为理想榜样的父亲的独特地位发生了变化。他得救了,可以考虑回到人行道上去了。他依然是凡人，但没有被打败，也没有被羞辱。

对传统的文化重建可能会徒劳无功，但弗洛伊德直到去世才停止奋斗。文学、历史、宗教、神话，成了他的专属玩伴。他思考、想象，深陷在语言的网中。

双重语言带给他两条出路。一种是犹太祖先的精神，在这些故事里，他学到了渡过难关的幽默法则（他在某个时候还从中领悟到无意识机制的原理，在 1905 年出版了《诙谐及其与无意识的关系》）；另一种是更文学、更学术化的语言，让他从华丽的辞藻中汲取伟人的精神，唤起远古的生命意识。

无论是歌德、席勒、荷马、莎士比亚、梯也尔还是汉尼拔，都被这些典籍提升为神话式的人物，对弗洛伊德来说，这些人物成了他的身份认同，成了他不屈不挠地为实现远大计划、伟大概念而奋斗的支持。

学医：求知

热衷于人文的弗洛伊德，一度产生了学习法律的想法。但歌德的盛名让他走上了另一条路。医生是大自然和生命力量的人类化身，是希腊活

> 在哲学加入天地运作之前，大自然靠饥饿和爱运转。
>
> ——席勒

生生的悲剧与严谨沉默的生理学之间的权衡折中。医生，不是为了照料，是为了求知。

弗洛伊德阅读了歌德热烈又感人的随笔《论自然》，文章以一种饱含母爱的、整体的眼光去看待一切生命。但这并不是他选择大学时的唯一参考。1859年，达尔文《物种起源》一书的出版，引起了知识界的广泛共鸣。对许多充满热情的学生来说，这说明科学已经披上了真理的外衣。与此同时，父亲作为经济危机的受害者，也使这位雄心勃勃的年轻人渴望发展自己对现象的精确把握能力。

这位远道而来的年轻人，一向从犹太书籍中汲取传统文化，养成了坚强勇敢的性格，如今，他开始面对人生的一个重要课题——求知。

歌德也是一位"学者"，他在光学、植物学、动物学等领域都进行了观察。下图摘录自他的笔记："青蛙、蜥蜴与蟾蜍。"

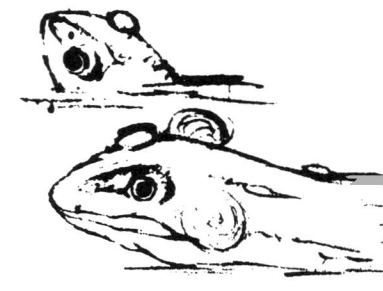

榜样汉尼拔

英雄是什么？我们必须经历一个与我们自身密切相关的神话，这个神话从帽子被扔到污泥里这个悲惨场景开始。这个人本可以在屈辱中苦苦挣扎，但在这个故事里，哈米尔卡让他的儿子汉尼拔誓死向罗马人复仇。后来的故事我们都知道：汉尼拔骑着大象翻越阿尔卑斯山……汉尼拔最终没有攻下罗马城，但弗洛伊德会的。汉尼拔为他的父亲恢复了形象，是弗洛伊德心中的神话英雄。

"汉尼拔是我中学时代最敬爱的英雄。在我心

1876年的全家福。父亲雅各布当时61岁，母亲阿玛莉亚41岁。西格蒙德20岁，站在妹妹安娜和哥哥伊曼纽尔之间，手放在母亲的座椅背上。

中，汉尼拔和罗马分别象征着犹太人的坚韧不拔和天主教建制。自那时开始，我们（西方）的精神世界中反闪族①运动的部分，就成了这个时代的思想感情。"

---

① 闪族，又称闪米特，是起源于阿拉伯半岛的游牧民，阿拉伯人、犹太人都属于闪族人。

弗洛伊德认同的到底是哪个汉尼拔？是骑着大象翻越阿尔卑斯山的将军，还是向父亲发誓要为他讨回公道的儿子？这两者有一个共同点：一个闪族人来到了罗马。这位第二次布匿战争的主角犯下的错误是在公元前216年坎尼会战胜利后没有直接向罗马进军。他的指挥官马哈巴尔为此发出了著名的感叹："汉尼拔，你懂得如何征服，但你不懂得如何利用胜利。"

这位具有坚定不移意志的迦太基人，他的故事被弗洛伊德一再重温，他成了弗洛伊德一生的榜样。伟人的形象已经深深刻印在这位少年的心中，他将永不背离这位伟人。

1873年，在维也纳举行了一场博览会。这场世界博览会规模壮观，旨在粉饰被经济危机破坏的国家形象，因此必须彰显帝国的统治水平，并指明现代化的发展方向。进步！进步！空气中弥漫着兴奋。正是在这种氛围下，弗洛伊德步入了大学。向着光明前进！

1873年，维也纳的世界博览会（下页）上，弗洛伊德厌恶地说："总而言之，这是给有精神、美丽的灵魂但没思想的人看的奇观。"

布吕克，以及对实证科学严谨性的信仰

在大学里，弗洛伊德结识的同学都比他更富有，却比他更保守。弗洛伊德决心永远不要成为沉默的大多数。

为了做到这一点，弗洛伊德甚至能冒着被孤立的风险。

这只是一个开始，他忍受着这种孤独，从不退缩，毕竟他有更好的事情要做：在老师恩斯特·布吕克的指导下进行研究。从1876年到1882年，他研究起了神经系统解剖学，这本是一个大有可为的方向，无奈因为生计问题中止。这里的神经系统解剖，还不是为了研究神经疾病，而是用于神经细胞实验室的研究。围绕这个话题，他发表了差不多20篇文章。他忠于布吕克的指导：

"就在恩斯特·布吕克的实验室里，我找到了一些可以仿效的榜样。"（《弗洛伊德自述》）

这是1882年维也纳医学院的成员,他们属于不同的学科:化学、外科、解剖学、病理学、精神病学。布吕克在中间。

下图:1885年的弗洛伊德和玛莎。

观察,观察,再观察。对象不是人类,而是鳗鱼、小龙虾……

观察、发现、理论,这就是布吕克科学法则的三个阶段,弗洛伊德在一生的职业生涯中都始终奉行这个原则。

"1882年6月19日,维也纳。亲爱的,我的心上人"

尽管如此,弗洛伊德终究要离开实验室冰冷潮湿的空气,真正转向医学,从鳗鱼转向男人女人,转向神经疾病的医学。他发生这种转变的原因是动人的——21岁的她。这次邂逅让他摆脱了显微镜下的小生物。这位叫玛莎·伯奈斯的女子将会成为他一生唯一的妻子。"这位可爱的姑娘人见人爱,尽管我很抗拒,但从我们见面的那一刻起,她就征服了我的心。我害怕向她示爱,但她却怀着慷慨的信任来到我的身边。她给了我信心,也给了我新的希望,给了我工作的活力,而这一切就在我最需要的时候发生。"

西格蒙德·弗洛伊德和玛莎·伯奈斯(她出身于汉堡的一个犹太知识分子家庭)于1882年6月订婚,并于1886年9月结婚。在这4年的勤奋学习中,弗洛伊德每天都给她写信。

如果我们想确定精神分析学是什么时候开始的,又是因为什么开始的,我们就必须追溯打乱这位理想主义者生活的私人事件:他遇到了一位心爱的女子,决定和她结婚,建立一个家庭。所以他必须赚钱,所以他改变了方向。

在此期间,弗洛伊德将会从一个发现走向另一个发现,从一个惊喜走向另一个惊喜。弗赖堡已经很遥远,维也纳也再不会使他害怕。他依然独来独往,但不再孤单。

弗洛伊德发现了一种新的方法,可以把神经细胞从其他组织中分离出来,便于在显微镜下检视。借助这一项新技术,他才能观察到七鳃鳗的脊神经节和脊髓。

第一章 "在我心里,我什么都不是" 017

LE GRAND TOURNANT

第二章
伟大的转折点

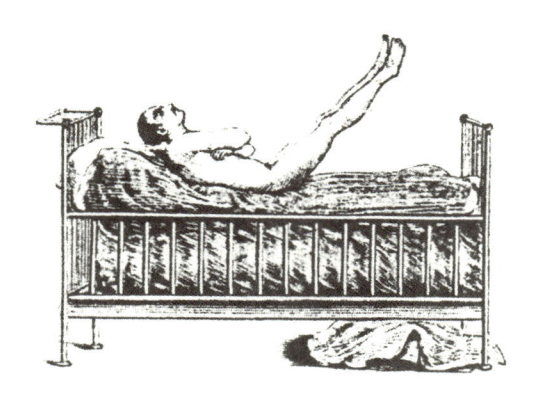

计划结婚,放弃实验室的研究:为了纪念这一项改变,弗洛伊德在1885年烧毁了他所有论文。将会成为伟人的模糊直觉和自我怀疑在他心中交织。他在巴黎萨尔佩特里埃医院度过了一段时间,在那里,他直面自己的命运。他写信给玛莎说:"也许有一天我能和沙尔科平起平坐。"

"曾经有一段时间,我一心求学,日复一日地埋怨着上天没有赐予我一个天才的头脑。现在我早已知道自己不是天才,甚至没有天分。"

致玛莎
1886年2月

烦躁

当时，弗洛伊德计划与玛莎结婚并安顿下来，但在实现这个计划的路上步履维艰，久久未能步入正轨。

1881年3月，他取得了医学博士学位，放弃了曾经硕果累累的实验室研究，进入维也纳综合医院，在赫尔曼·诺特纳格尔教授手下担任实习医生。

6个月后，他被任命为特奥多尔·梅纳特教授的精神病部门的助理。于是，他

"我最敬重的老师布吕克一改以往我父亲自由放任的风格，给了我很多劝诫。因为我家境不好，他劝告我放弃理论研究的道路，于是我作为学生进入了维也纳综合医院实习。"（《弗洛伊德自述》）

ÜBER COCA.
Dr. SIGM. FREUD

开始在精神病学领域学习和实践。1885年，他发现了可卡因的麻醉特性。当时，人们日常服用可卡因很普遍，他也用它抵抗疲劳，以便做更多的工作。

研究过程中，有一次他找到机会旅行拜访他的未婚妻。几天后回来，却发现一名同事"借用"了他的想法。他错过了一次成名的机会，这个机会本来可以充实他的银行账户，同时让他得到他梦寐以求的大学讲师的职位。

他要到1885年才得到这个职位。不是说他没有真才实学，而是在那个时代，犹太人总是放在最后考虑的。太糟糕了，有头衔才能吸引客户，他等待着，在停滞中忍耐着，服用可卡因……正如我们所了解的，他没有说放弃，也没有从此沉寂下去。

"远方传来沙尔科的大名……"

弗洛伊德一直与烦躁和固执斗争，与四周的种种障碍斗争，现在光明出现了，出路打开了——是巴黎。

弗洛伊德获得了一笔奖学金，可供他进行一次考察旅行。他听说了沙尔科在萨尔佩特里埃的工作，渴望进一步了解。他厌倦了综合医院的实验室和病房，成天在里面解剖，浸在这种空气里，甚至分不清自己是活人还是死人。他倾向于生活与变化，需要让人耳目一新的经历。巴黎和沙尔

"我希望可卡因能排在吗啡前面，它使我产生了新的希望、新的计划。"

致玛莎
1885年5月

弗洛伊德在1885年7月发表的《论可卡因》反映了他对这种具有多种特性的物质相当热衷。两年后，可卡因被证明是一种危险的毒品，这使弗洛伊德受到整个维也纳医学界的谴责。

在前往巴黎之前,弗洛伊德已经观察到脑出血的确切影响,但他的假设只能通过解剖尸体来证实。

科能给他的思想和工作注入新的动力,在沙尔科天才的比照下,他可能会产生新的想法。那时他快要在没有激情的实验中窒息了,太无聊了。

1885年10月上旬,在巴黎

他在给玛莎的信里写道:"我对巴黎有一种整体的认识,我可以把它诗意地比作一头巨大而华丽的狮身人面兽斯芬克斯,它吞掉所有无法解开它谜题的陌生人。"

初入异国的弗洛伊德,被密集的刺激困扰,他的情绪,这种难耐的兴奋,都集中在了这场好戏上——他屏住呼吸,帷幕拉开,沙尔科教授出场了。弗洛伊德来这里只是为了他,这位大师。

"10点钟的时候,沙尔科先生到了,他高个子,58岁,戴着礼帽。

"各位,我还没解决的,就是确定歇斯底里性髂骨疼痛所在的特定点和卵巢之间的对应关系,我认为很有可能——虽然不是确切证实——从卵子范围辐射开的歇斯底里性疼痛,无论是自发的还是被触发的,都源于卵巢本身。"(沙尔科《讲义二》)

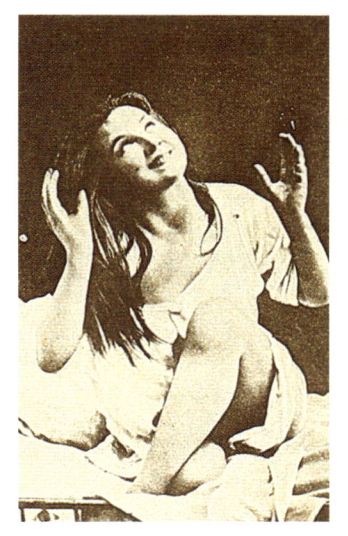

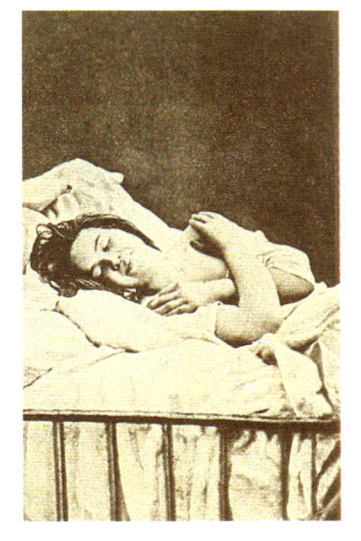

在医院的各种景象里,痉挛发作尤其引人注目。一些精神病学家,包括沙尔科,都认为其中有"道德情感"的影响。

"我要详细地告诉你发生了什么。沙尔科是最伟大的医生之一,他近乎天才的理智在逐步破坏我原有的概念和想法。有时我上完课离开,就像走出圣母院一样,心里充满了关于完美的新想法。但他也让我精疲力竭,离开他以后,我再也不想做我自己的琐碎工作了。整整三天以来我什么都没做,但我一点也不后悔。就像从剧院里出来一样,我的脑子里已经充满了剧情。播下种子一定会长出果实吗?我不知道。但我知道的是,从来没有人对我产生过如此大的影响。"

致玛莎
1885 年 11 月

他眼睛很黑，眼神出奇地柔和。胡子修得干干净净，长长的头发捋在耳后，表情生动，嘴唇丰满而微张。总之，他表现得像一个身处俗世的牧师，向人们宣示智慧和高尚的追求。他坐下后开始检查病人，他出色的诊断和对一切的浓烈兴趣令我深深叹服。大人物所习惯的那种优越感，他一点也没有。他和我相处没有太多礼貌的表示，但我感到很自在，我还注意到他隐约流露出对我的关照。"

肉搏战中的真理

这场转变是巨大的，激发了弗洛伊德的想象力。他在显微镜背后度过了生命中最美好的时光，现在扶着症状怪异的女人，被沙尔科说服：在她们疯狂的眼神、扭曲的身体和幻觉般的话语中蕴藏着人类真理的一部分。这个体面而富有爱心的年轻人猛然意识到歇斯底里的存在。有什么在他心里流动了起来，在接下来的10年里，这将带领他走向最重要的发现，这些发现将使沙尔科的言论黯然失色。

因为无法理解，弗洛伊德离开维也纳习惯的温暖后，感受到了如同电击般的震撼，他发现了性欲对人体压倒性的暴力，这种感官宣泄的冲动一直被视为鬼神附身，一旦出现这样的情况，病人要么被烧死在火刑柱上，要么被永久禁锢。其实病人只是被无法克制的激情所支配，重演了记忆中的场景。每当这种情况出现，弗洛伊德不会加以阻止，他马上将这些激情表现记录下来，因为他想知道，他真正着迷的到底是什么，是沙尔科对局面的掌控能力，还是歇斯底里的发作现象？

沙尔科对自己的著作没有德语译文深表遗憾，弗洛伊德一直在寻找更接近大师的机会，此时抓住机会毛遂自荐。这一举动不仅让他多次成为沙尔科的座上宾，混进巴黎上层社会（这使他不得不支付置办服装的费用！），还让他成为一种思想的传播者，这种思想一旦被引进维也纳的知识界，将引起一片骚动。

"沙尔科给我留下了非常深刻的印象,使我振奋不已,就像在你身边度过的十天那样。我觉得我在经历一些美好的事情,这些记忆将永远陪伴着我。"

致玛莎
1886 年 3 月

可以肯定,弗洛伊德相当敬爱沙尔科,沙尔科给弗洛伊德留下了如此深刻的印象,以至于对他整个人产生了尤为强烈的"正向迁移"。安德烈·布鲁耶这幅画描绘了沙尔科在他的学生面前诊断病人的情景。这幅画,无论是在维也纳还是在伦敦,都从未离开过弗洛伊德的办公室。他的长女玛蒂尔德对这幅画很感兴趣,她常常问父亲这位女士怎么了。"腰绷得太紧了。"弗洛伊德回答。

第二章 伟大的转折点

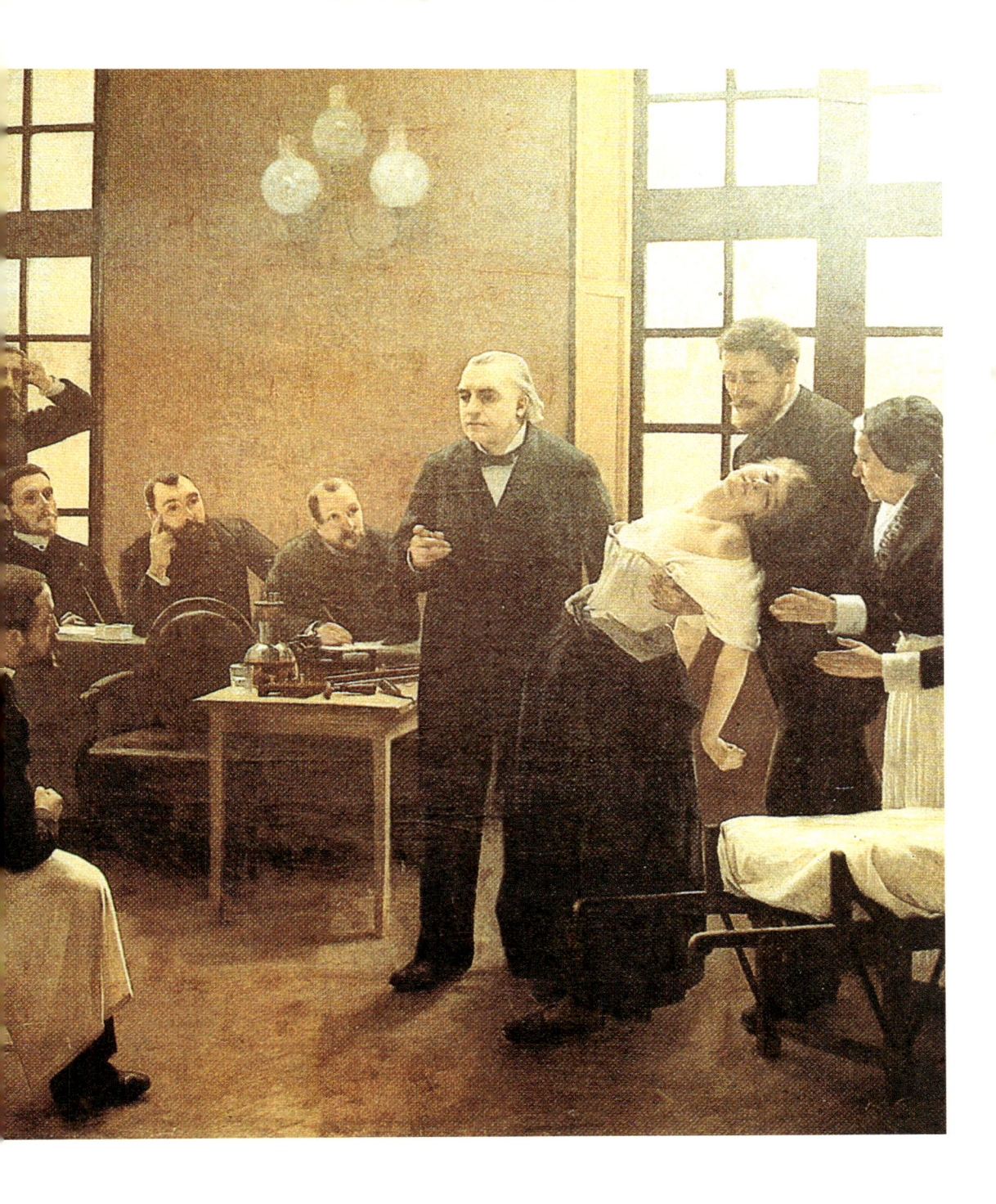

女巫被宗教裁判所烧死在火刑柱上，歇斯底里症病人则被关在精神病院里。病人们奇怪而令人不安的表现留下了许多影像。沙尔科拍摄了歇斯底里症患者的照片，根据照片制作了版画（左上图）。从正常到发病的转变是引人关注的。

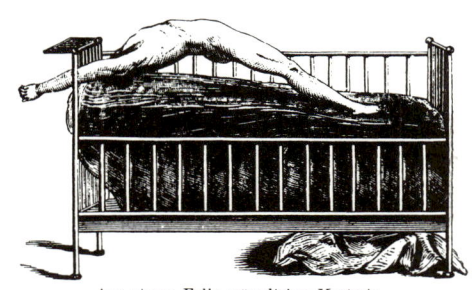

"在精神病学协会举行的某次歇斯底里症病因座谈会上,傻瓜们反应冷淡,还发出了一句怪话:'它就像个科学童话。'"

致弗利斯
1896年4月

歇斯底里超速行驶,维也纳给出罚单

弗洛伊德离开巴黎,到柏林的一个儿童神经科医院工作了几个月。在汉堡万茨贝克的未婚妻家短暂停留以后,他回到了维也纳。他在儿童疾病研究所出诊,写文章,并借着巴黎沙尔科的势头发表了一些演讲。

1886年10月13日,他在维也纳医师协会造成了巨大的轰动——他谈论男性歇斯底里症!整个维也纳都仿佛受到了侮辱,对他大加指责。两位医学权威班贝格尔教授和梅纳特教授要求他在维

弗洛伊德对外语很有天赋,而且会说好几门外语(往后他觉得症状的语言也应像方言一样翻译)。他不是第一次翻译沙尔科的书,他很擅长这种工作,也工作得很快乐。

第二章 伟大的转折点 **029**

也纳找到与沙尔科描述一致的案例。他大胆的创新理论受到了排斥，他被禁止在维也纳参加医疗工作。

开张和结婚戒指

"所以说，我和维也纳开战了，如果你在这里，我会亲吻你并告诉你，我并没有放弃6个月后让你成为我妻子的希望。"

从1886年7月到1891年8月，弗洛伊德在"宽恕之屋"居住，并在那里进行咨询工作。"总的来说，状况不错：我在维也纳最好的大楼里拥有公寓，我大胆地结婚，假装自己是一个买得起一切的人。"（1886年8月给小姨子明娜·伯奈斯的信）出生于落后不堪的中欧的他，现在住在一间豪华的房子里，不需要低声下气，但经济困难很快会迫使他搬家。

1886年4月25日，弗洛伊德比以往任何时候都更加充满决心，他在维也纳的市政厅大街7号开设了咨询诊所，在那里接待了很多人，但没赚多少钱。他在那里待了3个月，此后履行诺言，在1886年9月14日与玛莎成婚。

"我从未停止希望有一天你会完全属于我，我深信你对我的爱，我只想拥有你，拥有最真实的你。"

多亏了妻子的嫁妆、亲友的结婚赠礼和他小心存起来的劳动成果，弗洛伊德才能够搬进"宽恕之屋"——"维也纳最美丽的房子"，它位于玛利亚·特蕾莎大街8号，建立在被大火烧毁的圆形剧场原址上。"内部装潢很迷人，虽然对于高贵的楼房而言还是略显朴素。"他感到心满意足，唯一令人失望的还是客户。尽管如此，我们还是必须要面对一个现实：1887年，第一个孩子玛蒂尔德出生，1889年和1891年，马丁和奥利维尔又相继来临。

神经科医生弗洛伊德

为了寻找新的客户（但最重要的是寻找新的治疗方法），1889年夏天，弗洛伊德到法国南锡市希波莱特·伯恩海姆的诊所进修催眠术。的确，如果他想成名，提高家庭收入，就必须照顾好并治好病人，也就是说得有业绩。

该怎么取得业绩呢？弗洛伊德拥有的工具：对完整脑部结构的解剖学知识（来自尸体的脑部切片），以及电疗法和催眠法。电疗法需要在病人与医生之间有心电感应时才能起作用，也就是说需要暗示。催眠术的局限性，他在沙尔科那里就已经领略到了。

除此以外，他还很快意识到，他在不知情的情况下把"神经"和"神经科医生"两个词的含义混淆了。关于神经，他知道其解剖学结构和生理特性，根据这些知识，他称自己为神经科医生，但实际上（临床实

根据电流的不同,电有三种治疗功效:强化组织、促进细胞对营养的吸收和镇静作用。电疗法用在神经疾病的领域,主要是因为在生物层面上理解思维和情绪障碍,只可能是负责传导的神经通路出了问题。

践中),他的病人因为神经上的问题来找他,但真正的问题源于他们生活中的紊乱:那些扰乱他们生活、让他们无法承受的事实。面对这些私人化的、充满隐喻的、各不相同的问题,有着科学研究背景的神经科医生弗洛伊德显得捉襟见肘。

034　弗洛伊德：疯狂中的真理

由伯恩海姆等人使用的催眠术是当时治疗失语症最常用的疗法。

去南锡市是为了寻找更多的信息。"我目睹了伯恩海姆在医院里对病人进行的惊人实验,让我对心理活动的潜在力量留下了最为强烈的印象,然而,这种力量依然隐藏在人的意识之外,不被人察觉。"隐藏在人的意识之外……通过催眠情境,对未知知识最初的认知得到了释放,这将引领他走向对无意识的惊人发现,一发不可收。

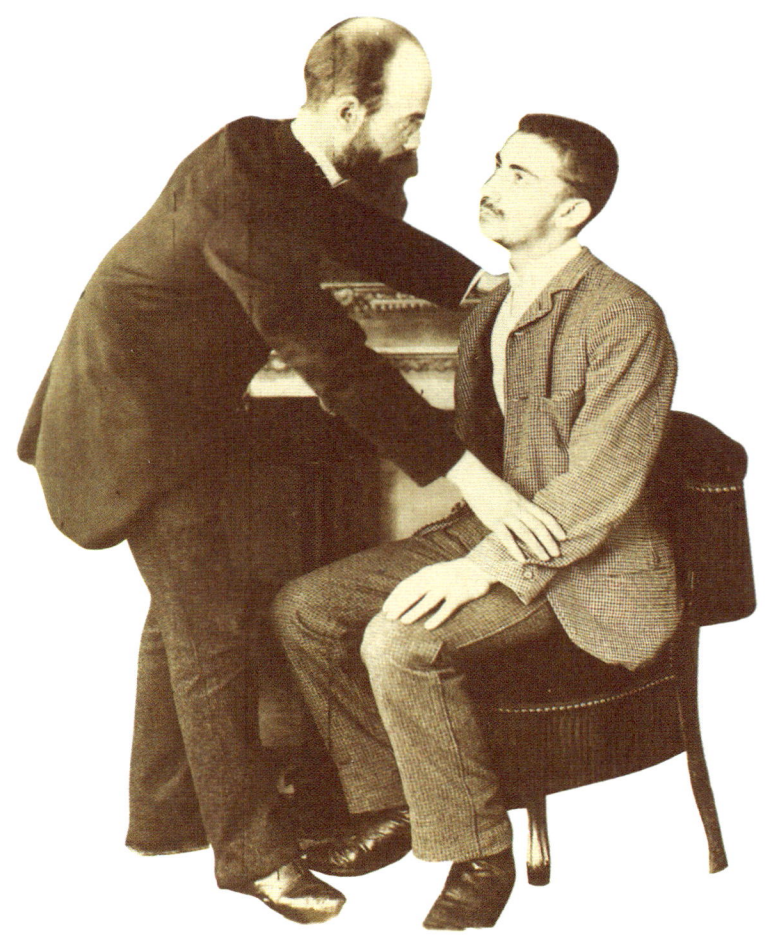

催眠状态是通过凝视一个发亮的物体(上图)引起的,或者多数情况下是凝视催眠师(左图),但醒来后,病人就已忘记催眠过程中自己说了什么、做了什么。

安娜·O. 的案例

在这场行将胜利的冒险中，弗洛伊德不是一个人在战斗。两位同事兼朋友起到了决定性的作用，但在达成最后成果前，他们分道扬镳了。他们就是约瑟夫·布罗伊尔和威廉·弗利斯。

1887年11月，弗利斯出现的时候，弗洛伊德已经和布罗伊尔疏远了。不过作为晚辈，他依旧与布罗伊尔保持着真挚的友谊。在弗洛伊德年轻的时候，同样是医生的布罗伊尔经常欢迎他到自己家里来，在他大学独来独往的日子里，布罗伊尔借钱给他，介绍病人到他那里去。布罗伊尔曾对他讲过治疗病人安娜·O.时遇到的困难，这个故事在弗洛伊德的思想中种下了种子，后来弗洛伊德参与了沙尔科、伯恩海姆的种种实验后，逐步形成了无意识理论的原始概念。

安娜·O.，本名贝尔塔·帕彭海姆，因为严重的歇斯底里症在家动弹不得，日夜不停地召唤布罗伊尔来出诊。布罗伊尔通过催眠，清除了她

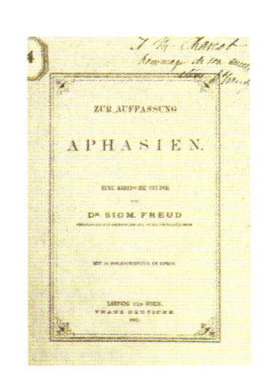

在这篇献给布罗伊尔关于失语症的文章中，弗洛伊德首次提出了"对语言中枢位置的怀疑"。

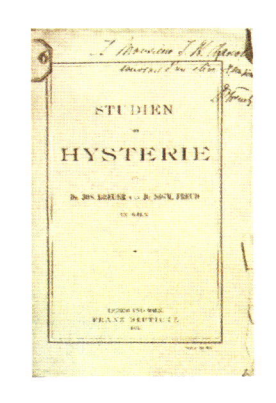

1895年，弗洛伊德与布罗伊尔合著的《歇斯底里研究》（上图）出版时，他们的关系已经破裂。左图是安娜·O.。

弗洛伊德一生都把自己描述为一个忠于职业和专业的人,把他的家庭生活置之脑后。但是,众所周知,他是他六个孩子的好父亲:"三女三男,他们是我的骄傲和财富。"

体内存留的记忆和情绪,正是这些记忆和情绪让她动弹不得,让她生活在幻觉和痛苦中。布罗伊尔把这种技术称为"宣泄疗法",即"充分释放致病的影响",允许患者"唤起并重温这些相关事件"。

布罗伊尔通过催眠揭示的东西,弗洛伊德很快会通过暗示法获得。暗示是一种有说服力的坚持,例如手放在额头上的压力,这是对催眠法的舍弃。

"歇斯底里症主要由回忆引起"

"无论表现形式如何,歇斯底里症发作的基础都是记忆,是那种与疾病相关的重大事件在幻觉中的重演。记忆的内容要么是一种强度足以引发歇斯底里的精神创伤,要么是一个事件,因为发生在某一特定时刻,从而获得了创伤的性质。"这篇笔记可以追溯至1892年,是弗洛伊德对自己的实践以及对布罗伊尔讲述的安娜·O.案例的印象的反思。这是弗洛伊德第一次使用这个心理学术语,也是他第一次不再从病理学家与神经科医生的角度进行思考。

这一变化开启了他与布罗伊尔的分歧。布罗伊尔,这个使他走上这条不可回头路的人,依然坚持认为那些堵塞、停滞仅仅是生理功能障碍导致的。弗洛伊德对这个说法提出了质疑,曾经是神经科医生的弗洛伊德,现在关注的是人类的心理冲突,其中他认为最对症的,是性冲突。这是布罗伊尔最激烈抗议的部分,他不愿解释这样一个事实:在他治疗患者时,他的年轻病人在屋顶上大叫,说她要生孩子了,她的医生的孩子!如果布罗伊尔后退了,弗洛伊德就会站起来,从这个公开的"医学情色秘密"出发,穷尽一生的努力追寻真相。

邮箱里的小丑

在这个加速前进、重整思绪的时期,弗洛伊德和弗利斯开始了长时间的书信往来,中间穿插着几次会议。这种通信关系怎么说都不为过,它正是精神分析概念在不同情况下展开的基础。这种概念正是两个忙于妇女事务的男人建立起来的。

从1887年到1902年,这些往来书信见证了弗洛伊德的精神医学研究进程,以及他至少在三个方面取得了决定性的进步:对压抑的理解及其症状的形成;梦的发现及解释;俄狄浦斯情结的本质。

在布罗伊尔(上图)的建议下,弗利斯(下图)参加了弗洛伊德关于神经系统的讲座,两人立刻产生了共鸣。

第二章 伟大的转折点　**039**

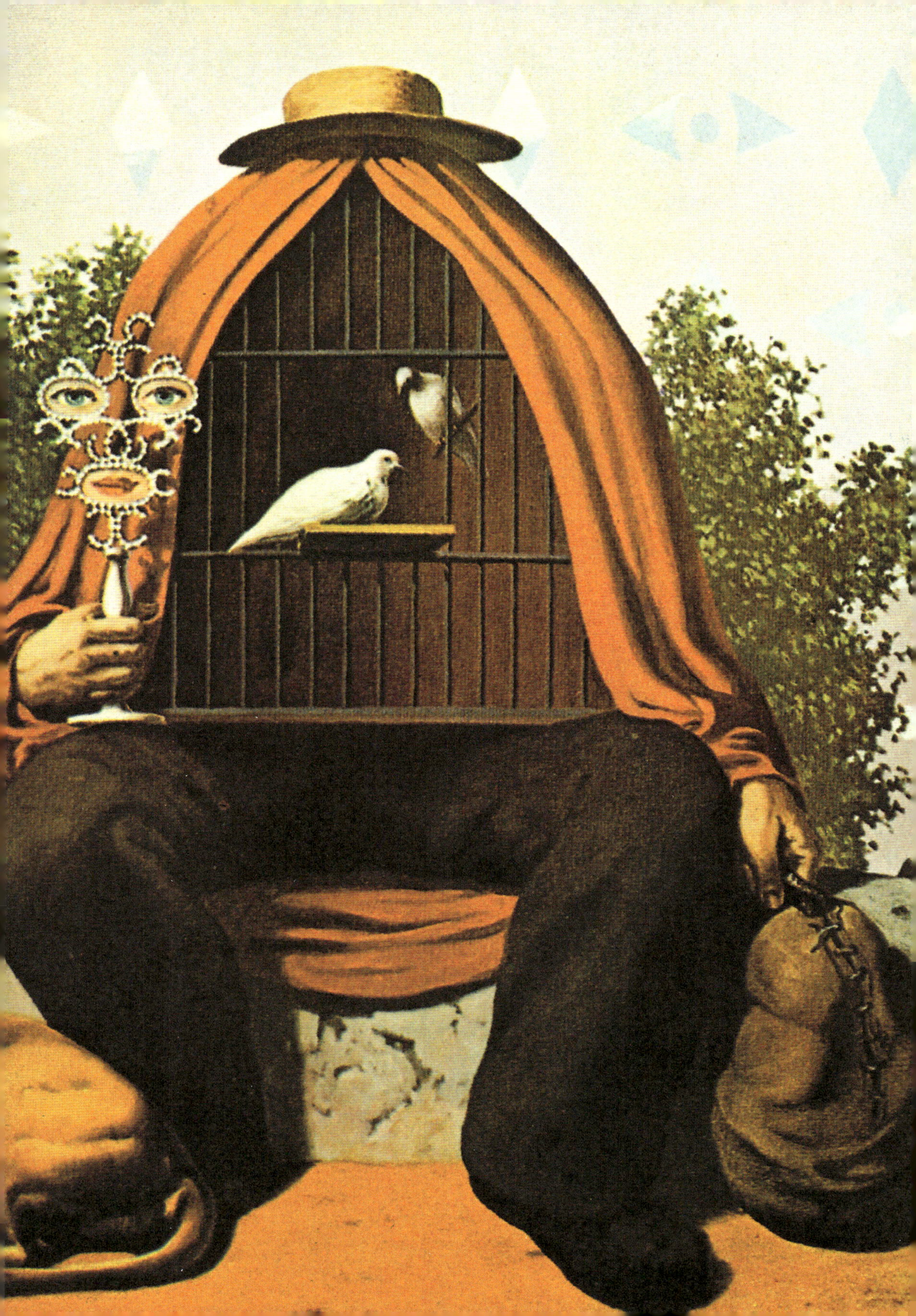

L'EMPIRE DE LA VÉRITÉ

第三章
真理帝国

西格蒙德·弗洛伊德医生 31 岁，已婚，有家室，身无分文，却住在维也纳最好的房子里。在往后十多年里，他将英勇地、自愿地接受所从事的工作带来的心烦意乱的折磨。他将是有史以来第一个直面心灵且从不退缩的人。

在这张桌子上，弗洛伊德像小说家一样大量写作。他心爱的古代雕像帮助他把过去和现在结合在一起。从 20 世纪 20 年代开始，他有关无意识功能的论文首先吸引了那些被边缘化的超现实主义者。上页图：马格里特的画作《治疗师》。

到底有什么权威依据能让弗洛伊德如此肯定地认为中断性交是有害的,就好像这是一个决定性的事实一样?他在这个问题上有什么经验呢?但他说的话切中要害。他之所以会这样说,是因为他听那些来找他问诊的人说过。

维也纳妇科医学的权威鲁道夫·赫罗巴克教授曾经直言不讳:"(治病的处方是)正常的阴茎、反复的性满足。"在咖啡馆那些乌烟瘴气和

"为了保护少女们,我们一刻也不能让她们独处。……她们读的书都要受到管制。最重要的是,总是要分散她们的注意力,以免她们产生危险的想法。"

斯蒂芬·茨威格
《回忆录》

这张历史悠久的沙发,是第一次在治疗中使用的沙发。对弗洛伊德来说,患者不看精神分析师是分析治疗的必要条件,而躺姿是以前催眠术的延续。

政治传单之中,我们只谈论这种事……但在弗洛伊德眼里,没有什么能替代女人们带给他的信息。很快,谈话成了主要的治疗方式,也是首选的方式。

她们告诉他的那些事

在摸索前行途中的一次次尝试和碰壁后,弗洛伊德几乎被迫保持沉默,1892 年到 1896 年间,他完全放弃了催眠术和暗示法。她们对他说:

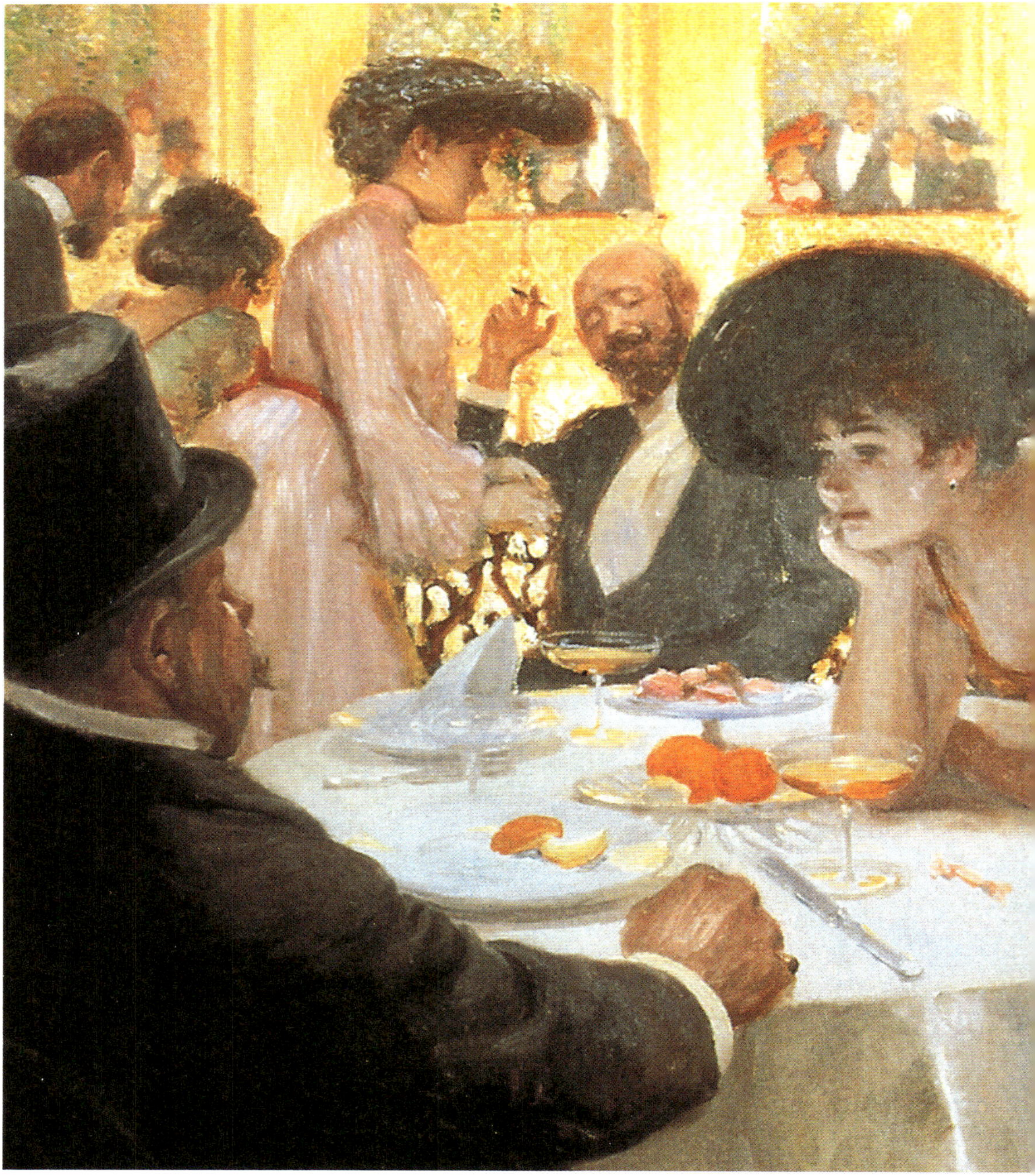

"我很早就当了妓女,一个女人在床上、桌子上、椅子上、长凳上、靠着墙或在草地上、火车上、军营里、监狱里……所能做的一切,我都做了。对此,我一点都不后悔。……我出生在贫穷中、在苦难中,要不是凭着我心中的这股火焰,我就会像我认识的所有女孩一样死去:在孤儿院里,或是为家务活劳碌一生后。"

约瑟菲娜·穆岑贝歌尔
《一个维也纳女孩的故事》

"听我说！"他对此感到很惊讶，但没有不知所措。他学会了倾听，跟随着患者迷宫般的叙述，然后一点一点识别出真实经历里的矛盾情绪，正是这些情绪破坏了她们的生活。

这种让人自由地说话与倾听的"技术"，跟任何科学的医疗方案都不同，是一种"自由联想"的方法。然后，就像闪电照亮了黑暗一样，一种领悟缓慢地出现了，他开始意识到性虐待在神经症形成中的作用，意识到思想中性情感的矛盾会影响到整个人的精神生活、人际生活和社会生活。

撕开封条

这个真理不太可能在贵族资产阶级的音乐会上得到认可，资产阶级已经被奥匈帝国君主制的虚伪吓坏和吞噬。面对多民族的社会环境，他们努力维持着秩序，鼓吹着团结。性关系要么被社会契约的法律限制，要么只能存在于羞耻、愤怒和羞辱中。于是，秘密与沉默，作为代代相传的补救办法，被捆绑到结痂的伤口上。

弗洛伊德进入了状态，他认真学习着症状在所有领域里的微妙表现，并在脑海里进行医学分类。这门课，他的患者就是他最好的老师，他们承受着精神上的痛苦，但在他之前没有一个人愿意去倾听。他撕开了封条。在这里，他逐渐意识到一种不能和性学混为一谈的学问：对情

在维也纳，咖啡馆是人们聚会的地方，是文化和氛围扩散传递的中转站。下页图是维也纳最有名的格林施泰德咖啡馆，被称为"伟大的疯狂"，这个称号是为了谴责那些"在那里空谈的厌倦而冷漠的聪明人"。

第三章　真理帝国

Docent Dr. Sigm. Freud
IX. Berggasse 19,

弗洛伊德一家自 1891 年 9 月 20 日搬进博格街的公寓，一直在那里居住，直到 1938 年 6 月搬迁到伦敦才离开。

感的区分和识别。要是混为一谈，会导致错误的理解。

要撕开封条，弗洛伊德需要面对两种形式的抗拒和防御：在一个医生也无法提起性相关话题的时代，他不得不弥补这种由压抑引起的"思想上的空白"。这种空白和缺失是压抑留下的痕迹，构成了无意识，这就是"患者想要忘记，有意地坚持、排斥，压抑在意识之外"的症结所在。

"弗利斯时期"

针对这些未发表的人类心灵现象材料，弗洛伊德进行了一番整理和组织，完成后，他开始通过写信给他的柏林朋友弗利斯分享。弗利斯是

唯一能跟他谈论这个的人，因为布罗伊尔太胆小，不敢面对他的假设，弗洛伊德和他产生了分歧。因此，他把自己思考的都倾吐给弗利斯。

弗利斯是一名耳鼻喉科医生，他相信科学，发展出了"周期理论"，他认为女性经期的概念可以推而广之：所有事情的发展都是有周期的。弗洛伊德被这个聪明人的科学论证所吸引，他很快将他们之间的交流称为"自我分析"。

从那时开始，因为渴望了解更多，渴望在一个无人察觉的领域取得成功，同时也渴望扩大客户群，凭着新的疗法一举成名，弗洛伊德开展

弗洛伊德和弗利斯一心同体。这两位医生有许多共同点：他们都是犹太商人的孩子，都热爱科学探索，都刚刚确立起自己的地位，都在建立客户群。

了一项科学工作：把自己发现的各种情结的发展一一联系起来。弗利斯见证了这次自我挖掘的过程。在好几个月的时间里，弗洛伊德只有三个病人，除了另外两个，还有他自己！

这是认识论上的一个伟大的开始：科学所认识的客体就是认识科学的主体。这也是西方思想的开端：内部与外部、主体与客体融合为一。

什么是梦？

"像我这样的人，生活中不能没有燃烧的激情和一个父亲、一个暴君，我找到了这个暴君，身体和灵魂都受其奴役。这个暴君就是心理学，我一直视其为遥远而最有吸引力的目标，自从我开始接触神经症，就在一步步地靠近它。"弗洛伊德在给弗利斯的信中写道。

他的"暴君"从来没有停止过逼迫他去寻找答案，在这种心甘情愿的驱使下，1895年间，弗洛伊德开始认真地试图弄清楚梦的形成及意义。

尽管有些民俗传说可能会把他引向这个方向，但这本来不是他自主开始研究的，而是因为他的客户主动和他说自己的梦，让他不得不开始这项研究。他投入这场游戏中，把自己作为研究对象，记录下自己的梦境，然后"分析"它们。

他不知疲倦地坐在办公桌后的椅子上，在这些古董雕像中间，抽着香烟，倾听患者的讲述，直到深夜；然后试图把这些经历理清，从别人告诉

他的这些零零碎碎的信息中翻找着头绪,把它们与自己的梦进行比较。他渴望解开人类心灵生活的谜题,用语言把这个"伟大的临床秘密"表达出来。

从一封信到下一封信,从一份手稿到下一份手稿,从一个假设到下一个假设,他一点一点地打造他分析的工具:精神病理学上的压抑、不同激情之间的冲突、性冲动到焦虑的转化、记忆重现、精神活动转化为图像或言行……经过不断的

弗洛伊德经常强调精神分析工作和考古学之间的类比关系,它们都是在挖掘一些被埋藏的事物。他从1899年开始收藏古董,说:"它们让我心情很好,会告诉我来自遥远的时代和遥远的国度的故事。"

在美景城堡夏日度假时，一个梦向弗洛伊德证实了"梦是欲望的实现"。1900 年 6 月 12 日，弗洛伊德在给弗利斯的信中写道："你真的相信有一天这所房子里会有一块大理石牌匾，写着'1895 年 7 月 24 日，西格蒙德·弗洛伊德医生在这所房子里揭示了梦的奥秘'吗？"

挖掘，他把自己从人类心灵的考古中发现的秘密浓缩成了一个公式，用于概括他的所有教学："症状几乎总是妥协形成[①]的。"

这些有生命的文字包藏着意义

弗洛伊德从字面意义上理解梦，像破译一种编码语言一样去解读它。这种方法揭开了"显性内容"的内涵（"显性内容"指的是我们梦醒后或者白天回忆时所记住的梦的内容），带出了"潜在内容"，也就是梦的含义及其与潜在思想的关系。为了接近梦的真相，我们必须解构它，把它表面上看似统一的整体分解成不同的组成部分（图像或文字），这些成分是自由联想的跳板。通过自由联想，我们摸索出一个链条，链条的末端会出现一个元素（思想、记忆或情感），这是没有在梦境的叙述中直接提到的。

严格来说，梦是重要元素排列交错的集合，在梦中，这些元素间似乎没有逻辑，也不连贯（弗洛伊德甚至会说："梦是一种精神错乱。"）。这些互不相关的元素通过自由联想联系在一起，解开后可以找到一个入口，进入梦境的潜在思想——那些做梦者在不知不觉中知道的东西。这种理论认为梦是另

在梦境中，一种元素可能在另一种元素的掩盖下呈现。在最意想不到的画面背后总是隐藏着意义。下页的图片中，小尼莫梦见自己长得很高，但他很害怕，想下去。

[①] 妥协形成，在心理学中指的是个体在面对内心冲突时，采取一种折中的方式来平衡自己的需求和欲望，从而达到心理平衡的过程。

第三章 真理帝国

弗利普，我告诉过你会很危险，我要下去！

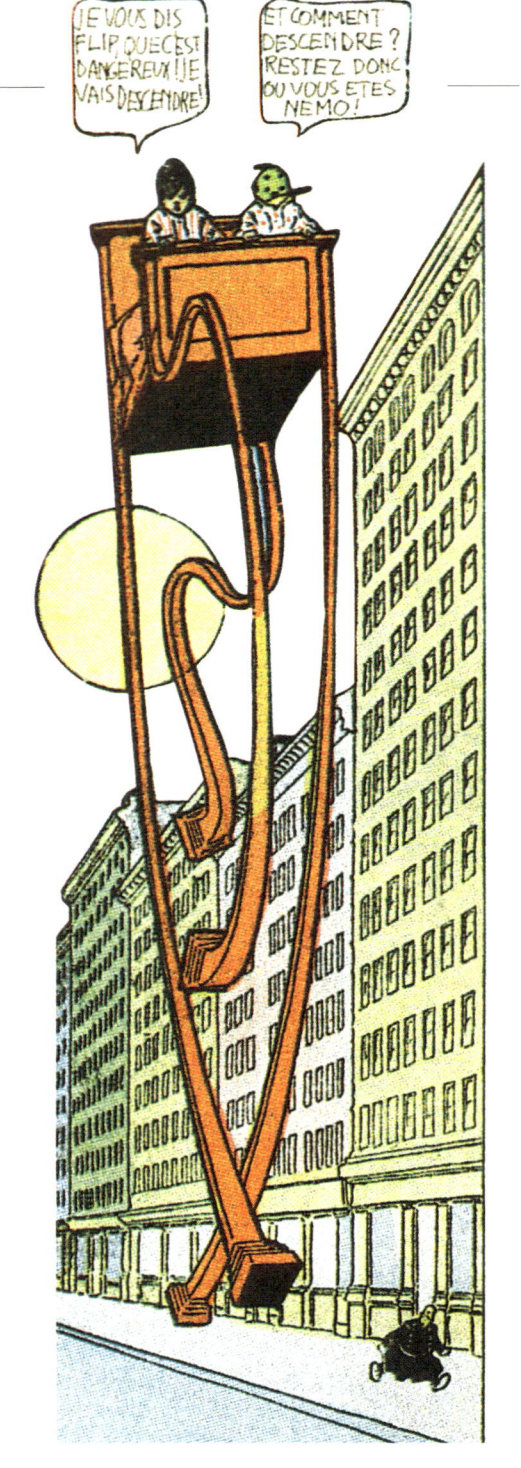

JE VOUS DIS FLIP QUE C'EST DANGEREUX ! JE VAIS DESCENDRE !

ET COMMENT DESCENDRE ? RESTEZ DONC OU VOUS ETES NEMO !

怎么下去？留在你现在的位置吧，尼莫！

一种思想的表征，是一个"另外的空间"，可以揭示我们精神生活鲜为人知的根基。这和传统的解梦方法大为不同，传统解梦方法认为一种象征在任何情况下都行得通。弗洛伊德却认为梦的含义是因人而异的，需要分析梦对于做梦者个人而言承载的意义。

1896年10月23日，父亲去世，弗洛伊德付出沉重代价

葬礼后的一夜，弗洛伊德做了一个奇怪的梦："我在一家店里看见了这样的标语：'请闭上眼睛。'我认出来这是我常去的理发店。葬礼那天，我因为等待理发，去殡仪馆时迟到了，家人们很生我的气。这个标语有双重含义。意思是，一个人必须对死者履行职责。所以这是一个借口，因为我没有履行职责，想要求得宽恕。'职责'是字面意思。因此，梦来自负罪感，这种倾向常常出现在幸存者身上。"

面对

无论那标语说了什么，弗洛伊德都不会服从梦里的命令，不会"闭上眼睛"。他以前所未有的勇气继续面对摆在他面前的模糊而压抑的问题，绝不低声下气地把帽子从污泥里捡起来。

直到最后，他都坚持抛开善恶，无情地质疑思想的真实性。这种思想并非一般认为的那种哲学家的思想，而是压抑的童年里承受的苦痛带来的宝藏，通过梦境的转折、一时的口误和联想重新回到我们身边。

正如法语中"存在"（l'être）和"文字"（lettre）两个词难以区分，我们的语言构成了真正的谜题。在给弗利斯的信中，弗洛伊德听到了"Brief"（德语中指信件）这个词，以及动词"rufen"（德语中指呼唤）的前缀，发出了呼吁："rief"（"rufen"的过去式），不知道这个呼唤，弗利斯收到了吗？

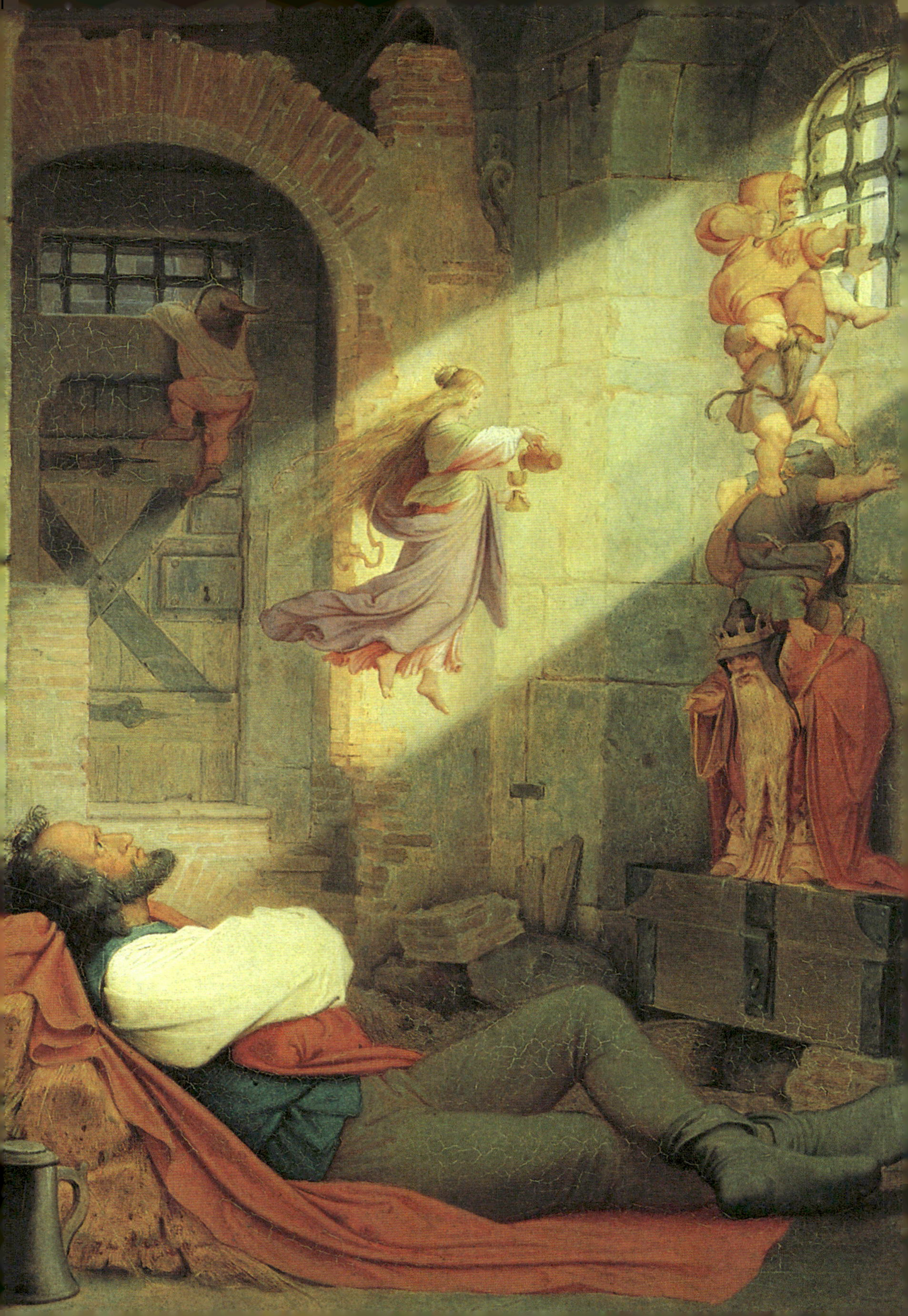

梦境的传统表现方式是描绘做梦的人。上页图是施温德的《囚犯的梦》,弗洛伊德将其视为"梦是欲望的实现"的典型例子。

本页图是富塞利的《噩梦》中的细节。超现实主义者更关注梦中不协调的元素,以便"让我们意识到它们潜在的生命与波动"。

第三章 真理帝国 **057**

接下来两页分别是马格里特的《鲁莽的睡眠者》以及马克斯·恩斯特的《摇摆的女人》。

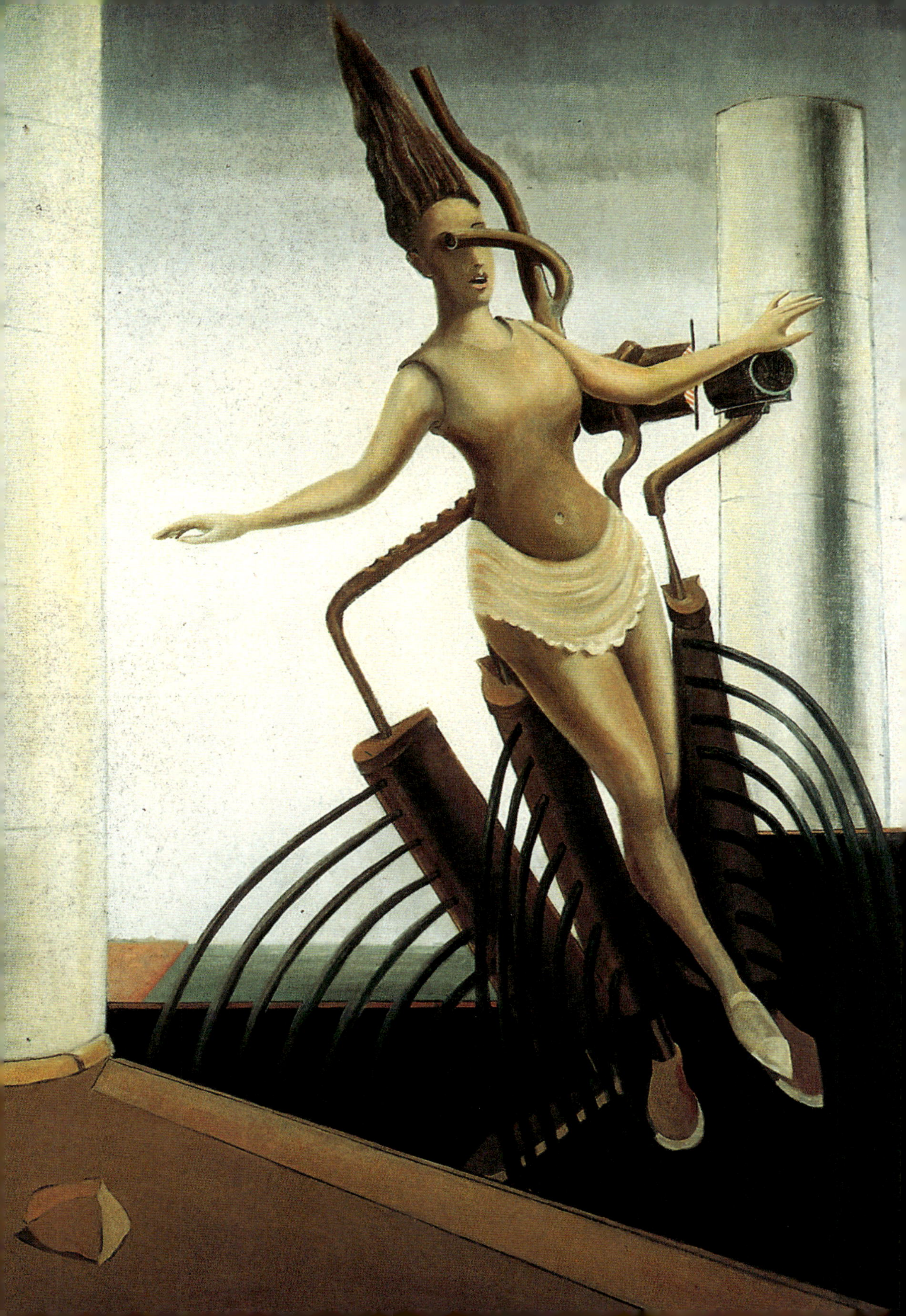

"图姆湖真是一个小天堂,尤其是对孩子们来说……至于我,和鱼打交道已经让我变得傻乎乎的了……"

致弗利斯
1901 年 8 月

弗洛伊德写给弗利斯的信不仅见证了精神分析的历史发展,还向我们透露了他私人生活的片段。这张照片摄于 1901 年,照片里是弗洛伊德和儿子恩斯特,当时他和家人一起过暑假。

"我年迈父亲的去世对我造成了严重的影响。我感到很无助。"

致弗利斯
1896 年 11 月

弗洛伊德和弗利斯之间信件的遭遇重重波折。1928年，弗利斯的遗孀把弗洛伊德的书信卖给了柏林的一位书商，这位书商到了巴黎避难后，又把书信卖给了玛丽·波拿巴。弗洛伊德听说后，想买回信件然后销毁。玛丽·波拿巴意识到书信中的科学价值，不肯答应，并把书信收藏在维也纳一个银行的保险箱里。1938年纳粹的到来使他们再次陷入危险，历经重重困难，信件才被转移到英国。这批信件不能完整地揭示两人之间的交往，因为弗利斯的信不见了。但这番交流依然是思想史上的一个重大事件，出版商们目光雪亮，在1950年出版了这些信件，命名为《精神分析学的诞生》。

父亲去世时，弗洛伊德仍然孤独地生活在同时代人对他的"光荣孤立"中，再等几年，他的呼唤才被听见。他将此命名为《梦的解析》。但在此之前，他的"暴君"迫使他走向另一个不可挽回的惊人发现——俄狄浦斯情结。

俄狄浦斯说明书

事实上，为去世的父亲哀悼不到一年，经历了"一个男人一生中最具冲击性的损失"的弗洛伊德又回到从前的立场上，这些立场主要集中

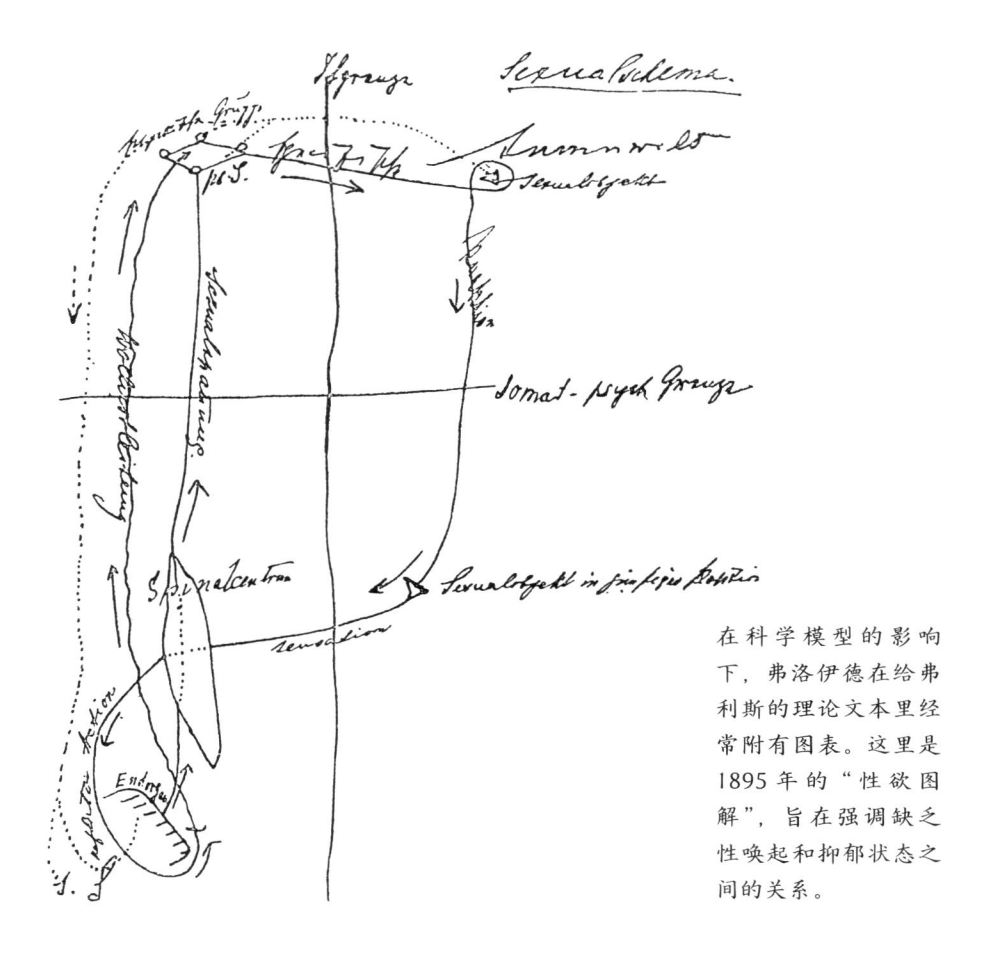

> 在科学模型的影响下，弗洛伊德在给弗利斯的理论文本里经常附有图表。这里是1895年的"性欲图解"，旨在强调缺乏性唤起和抑郁状态之间的关系。

在以下几点：指控父亲的反常是神经症的推动因素，建立起了歇斯底里症的父系病因学。

到目前为止，患者的陈述让弗洛伊德相信，正是父亲的性虐待或失常使得女性罹患歇斯底里症。作为受害者，她们在遭遇性虐待时被难以想象的强烈情绪主宰，这种如此强烈的情绪还被难以想象的禁忌强烈压抑，以至于她们只能凭借身体来表达。

父亲去世后,他似乎不愿意再支持这个指控的立场。是因为后果太沉重了吗?还是因为弗洛伊德担心自己的父亲会因为儿子的这种理论在人们的记忆里受到玷污?

于是他重新阐述道:"无意识没有暗示任何现实,因此不能分清它是真的现实还是无意识的虚构。无论是真实还是虚构都带有感情色彩。(这就是为什么这个解释依然是合理的,因为性幻想总是围绕着父母的主题展开。)"

化现实为幻想

用幻想代替现实,这个原本还只是假设的观点,开始变得确定。于是,在假设的基础上,弗洛伊德追溯自己的早期童年记忆,试图辨别现实和幻想之间的转化。

"正如在其他人身上发现的一样,我发现自己也怀有对母亲的眷恋和对父亲的妒忌,我认为所有年幼的孩子都有这样的感受,尽管歇斯底里症儿童会出现得更早。要是这样的话,我们就可以理解,排除所有对'命运不可改变'假说的理性批判,《俄狄浦斯王》仍然具有扣人心弦的力量。我们还能明白,为什么后世关于命运的戏剧总是失败,因为我们在感情上总神谕预言，如果底比斯国王拉伊俄斯生下儿子，这个儿子将杀死父亲并迎娶母亲伊俄卡斯忒。儿子出生后，拉伊俄斯把婴儿的脚拴在喀泰戎山的一棵树上。牧羊人找到他，给他命名为俄狄浦斯，将他带给科林斯国王，国王把他抚养长大。俄狄浦斯长大成人后，前往德尔斐神庙求神谕，被告知：如果他回到自己的国家，他杀父娶母的命运将会成真。俄狄浦斯以为自己不应该回科林斯，就动身前往底比斯。途中遇见一个老人，两人发生了争吵，俄狄浦斯杀死了他。这个老人就是拉伊俄斯。其后，俄狄浦斯遇见了狮身人面兽斯芬克斯，斯芬克斯要求他回答自己的谜题，回答不出来就要吃掉他。俄狄浦斯答对了题目，作为奖赏，他成为底比斯的国王，娶伊俄卡斯忒为妻。某年瘟疫来临，神谕说要找到杀死拉伊俄斯的凶手才能平息瘟疫，在追查之下，俄狄浦斯发现了自己就是那个杀人犯，也发现了自己身世的奥秘。他绝望地挖出了自己的双眼，过着流浪的生活直到死去。下页图是古斯塔夫·莫罗的作品《俄狄浦斯与斯芬克斯》。

是反对一切'专横无常'的个人命运，但这个希腊传说则抓住了每个人都感受过的冲动。每个观众都曾是俄狄浦斯，在婴儿时期或是在想象中，因为意识到幻想要变成现实而感到恐惧，为所有把真实处境和当前状态分开的强烈冲动而战栗。"（1897年10月致弗利斯）

占领罗马

现在，弗洛伊德注意着另一个方向。他不再在每个病人的真实生活中寻找创伤，而是去理解每个人建立的个人神话。这种观念上的转变似乎是有益处的：1899年，《梦的解析》几乎是秘密地出版了，面对着拒绝和冷眼，他对希腊悲剧的理解坚定地支持着他，让他最终像他的英雄汉尼拔一样成功地"征服罗马"——被任命为大学教授。

第三章　真理帝国　065

从他的童年起，罗马就代表着一个理想之地，一个神话般的地方。他一有机会旅行，就因为被地中海的文化气氛吸引，去了意大利。但是，有什么东西顽固地阻碍着他，使他无法到达罗马。他作为教授而非讲师到大学任教的任命一直拖延，甚至到了让人绝望的地步，好像所有事情都在阻碍着他、抑制着他，让他内心焦灼。

似乎只有把父亲放回到俄狄浦斯的命题里，他才能挽救自己的前途，他奇迹般地停止了自我牺牲，独自找到了成名的合适途径。与此同时，通往罗马的大道终于畅通无阻，他可以在他珍贵的罗马古董中间平静地抽雪茄了。

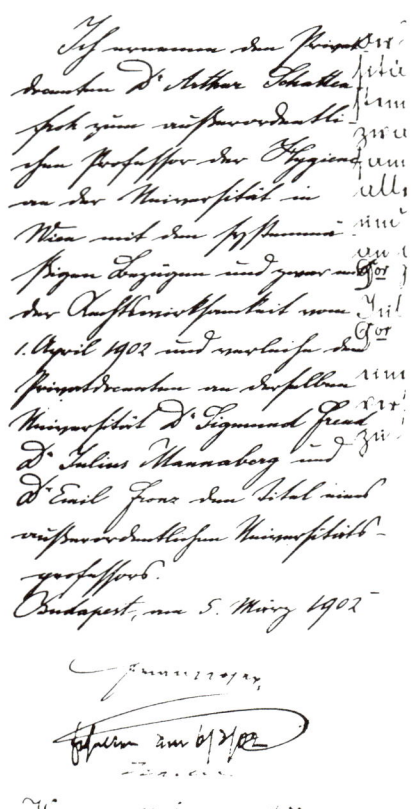

认可

作为结果，弗洛伊德和弗利斯的通信将会停止，因为已经没有必要了，阻碍他成功的真实或想象的障碍已经消失。他终于可以开展事业了，可以把精神分析当作自己的事业了，而且是公开的。

"事情都完成了。《维也纳报》还没有报道这个消息，但是关于我被任命的传言已经从官方办公室流出，然后迅速传播开来了。我得到了公众的认可，祝福和鲜花纷纷送来，就好像女王陛下突然正式认可了性的角色，理事会突然确认了梦的

《梦的解析》中引用了维吉尔的《埃涅阿斯纪》的一句话："如果我不能撼动天堂，我将搅动冥界。"这个句子是不是也适用于形容在大学求职的弗洛伊德呢？因为走官方渠道一直不能如愿以偿，他决定打破这些"狭隘的顾虑"，选择走地下通道，这次成功了。

"我现在应该告诉你我对罗马的印象,但这很困难,你知道……这是一个长久以来的梦想。所有这种成就,在人们期待已久的时候,总是有点令人失望。"

致弗利斯
1901 年 9 月

意义,议会以三分之二的多数票赞成了歇斯底里症的精神分析疗法的必要性一样。当然,我又来了,地位变得尊贵,受惊的崇拜者们从远处的街道上向我致意。"

这是 1902 年 3 月 11 日。春日般的阳光温和地洒在环城大道上。今晚,在国家歌剧院,古斯塔夫·马勒将指挥演奏歌剧《女人心》。此时的弗洛伊德已经 46 岁了——或者说只有 46 岁,他有几个孩子,父亲已过世。他提出了一个推论,他是一个发现者,不知不觉间发现了人类将在很长一段时间内都无法回避的事实。

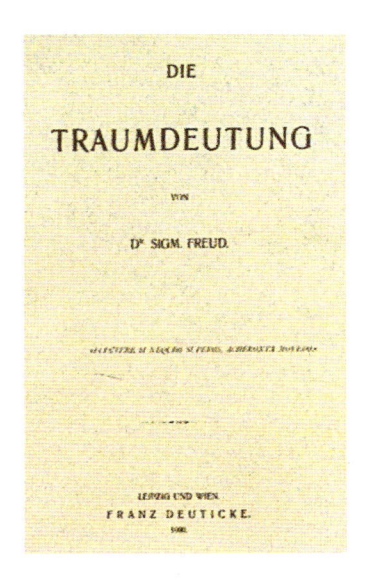

第三章 真理帝国 **067**

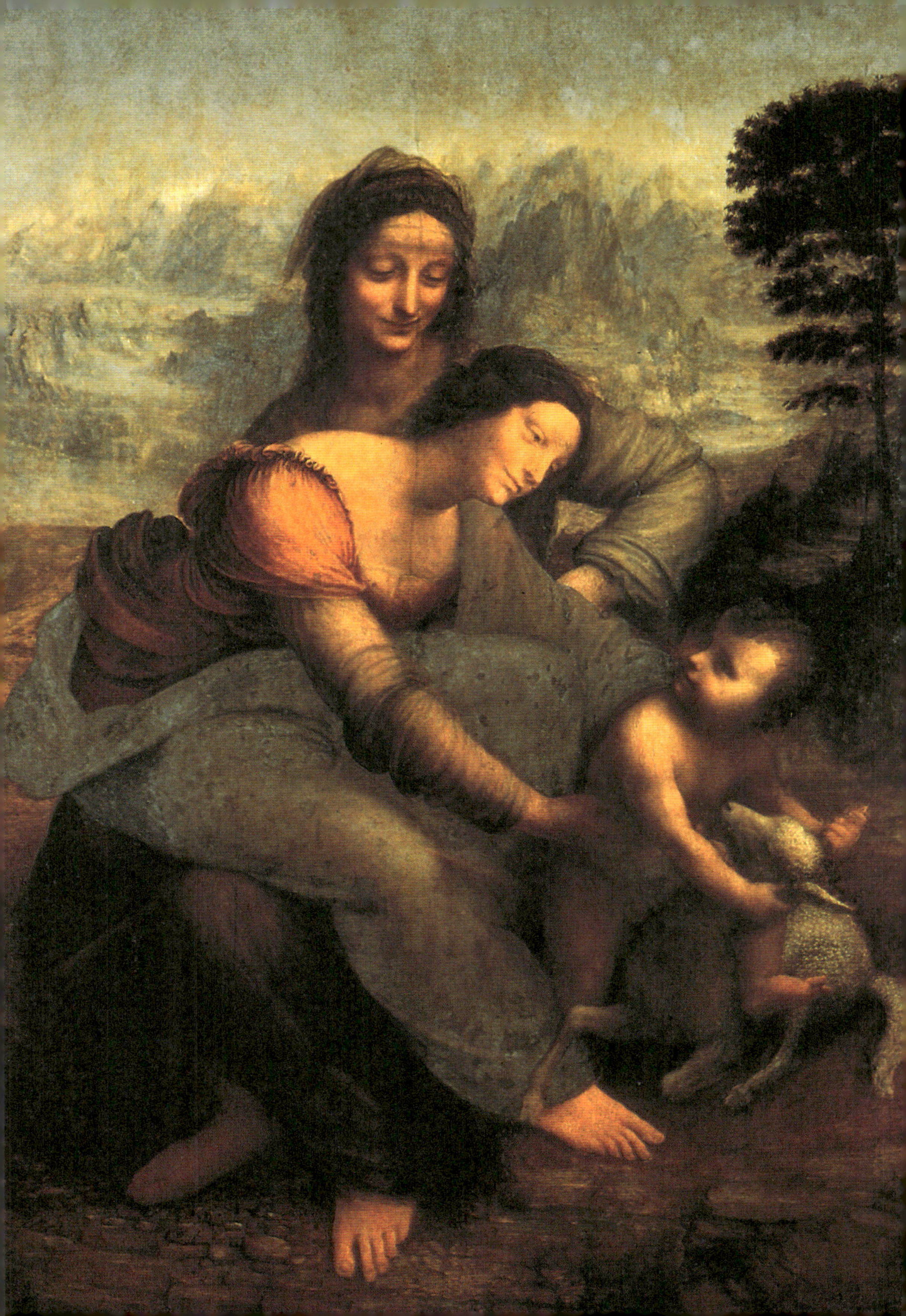

UN MOUVEMENT QUI N'EN FINIT PAS

第四章
一场永无止境
的运动

"自1902年起，有一些年轻的医生聚集在我身边，他们的明确目标是学习精神分析，并将其应用在实践中，把学说传播开来。……我们一致同意定期在我家会面，遵循某些规则进行讨论，试图在这个仍在摸索阶段的领域中找到自己的方向，同时也向别人分享我们的兴趣。"

上页图是达·芬奇的《圣安娜与圣母子》，弗洛伊德在1910年写作的"精神分析小说"《达·芬奇及其童年的回忆》中分析了这幅画，揭开了这位意大利艺术家神秘的人格面纱。上图是美国之行的参与人员和克拉克大学的成员。

饶是自古以来就麻木不仁的维也纳，也被弗洛伊德受任教职的光荣事件激起了一片浪花。他在生活习惯上依旧我行我素，但他不再是一个自我牺牲者，也不再在等待中逐渐被遗忘。

1905年，《朵拉》个案及《性学三论》的出版，又一次巩固了1899年出版《梦的解析》时开始的破坏工作。这本书传播得很慢，但一旦它被正确地看待，同时被接受和认可时，它就能切中要害。随后，梦和性在知情者中成为既吸引人又使人排斥、既让人爱又让人恨的话题。

他像骏马一般奔跑着，冲破束缚思想的藩篱，跑向广阔的天地。他还在往前跑，但必须常常提防不受约束的思想造成误解和伤害。

上图是1906年的弗洛伊德。"我第一次向权威俯首，期望得到回报。"

性的另一种理论

"我知道，至少在这个城市里，有很多医生不会把《朵拉》这篇观察当作对神经症的精神病理学贡献来阅读，而是怀着恶心的态度把它当成一本重要的娱乐小说来消遣。我可以向读者保证，就像我以后发表的所有观察一样，为了防止他们打听，我遵循同样的保密条例，因此我使用

性的觉醒常常被认为是青春期的事，但弗洛伊德认为这种观点是错误的，他把性的觉醒追溯到童年时期。

第四章 一场永无止境的运动

的材料会受到非常极端的限制。在这篇观察中，由于专业保密规定的限制和不利的环境，性交被坦率地讨论，性器官和功能也被直呼其名。谦虚的读者可以从我的陈述中确信，我并没有回避用这样的语言和一个年轻女孩讨论这样的话题。难道我也应该为这一指控辩护吗？"

弗洛伊德主要在《性学三论》中通过扩大"性"的概念，证明了从早期童年开始，性冲动就参与调节心灵生活的发展。他还小心翼翼地澄清：精神分析与泛性论没有关系。

星期三聚会

当画家克里姆特和席勒打破了对身体的表现，并不无粗暴地推翻了服饰的规范时，弗洛伊德也继续对抗着一些人的敌意——这些人想用丑闻抹黑他。但他也很快找到了支持：他的工作逐渐赢得了一些医生、心理学家和作家的支持。从支持他的著作，到支持他个人，思想史上开始激起一场由弗洛伊德主导的精神分析运动，一场永不结

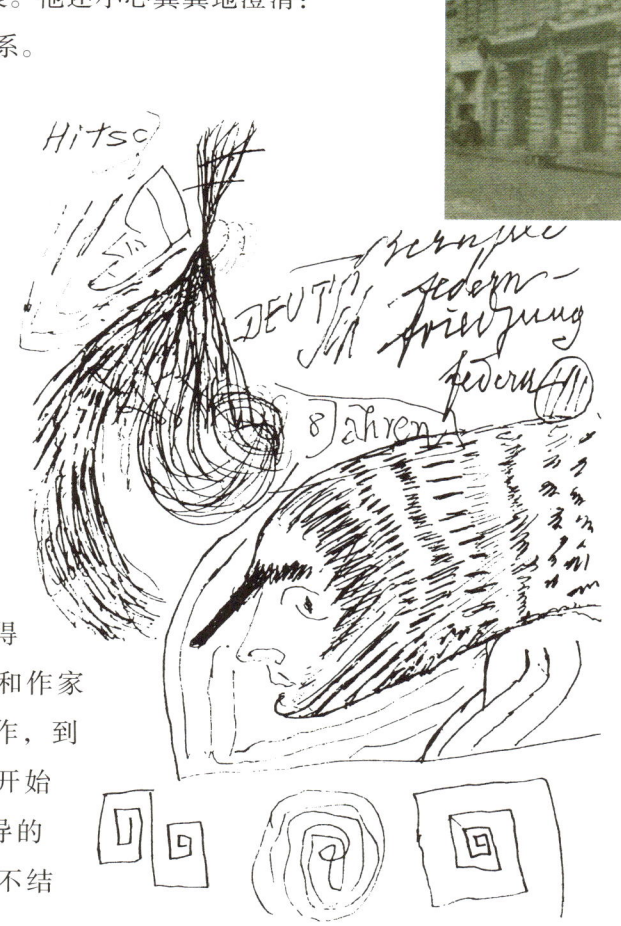

束的运动。

早在1902年，就有一些感兴趣的人每星期三晚上在他家聚会。和弗利斯关系中断后，弗洛伊德感到更需要交流他的观点，科学研究上的孤立不适合他。维也纳医生威廉·斯特克尔，弗洛伊德治疗过的病人，在康复后建议弗洛伊德和其他人分享他的想法。

这场主动传播思想的冒险，最初除弗洛伊德外只有四个人，他们坐在他家的客厅，桌子上摆放着啤酒瓶子和玛莎做的蛋糕，在弗洛伊德的雪茄缭绕的烟雾中，思想在缠绕着、传递着。

就像街上大部分建筑一样，博格街19号华丽又壮观。弗洛伊德占用了里面两层，二楼的诊所和办公室，一楼的家庭生活区。他每天上下多次，从一层到另一层，有时在两次问诊之间也会上下看看。他生活规律，还有闲空出门走走，买点雪茄，在环城大道散步。上页图是弗洛伊德在某次星期三聚会上留下的涂鸦。

第四章　一场永无止境的运动

074　弗洛伊德：疯狂中的真理

面对奥匈帝国的逐渐衰落,担忧的维也纳人要么在自以为是的虚伪中止步不前,要么在舞会和轻歌剧中头晕目眩。文化精英们面对政治与社会现实,选择躲进内心世界。弗洛伊德探索心灵世界,建立精神分析学说。在绘画界,古斯塔夫·克里姆特及分离派的其他画家改变了绘画中对人物的表现,寻找一种新的形式来表现表象与真理之间的悲剧性差异。左图是他1902年的作品《贝多芬装饰壁画》的局部,画作表现了人类无可挽回地被邪恶力量阻挡,从而无法走向圆满。几年后,席勒在他的画布上刻画人体,这些人体把隐藏的激情、欲望、梦想、痛苦、狂喜猛烈地呈现出来。接下来两页分别是席勒1911年的作品《裸背》和1917年的作品《坐姿女郎》。

076　弗洛伊德：疯狂中的真理

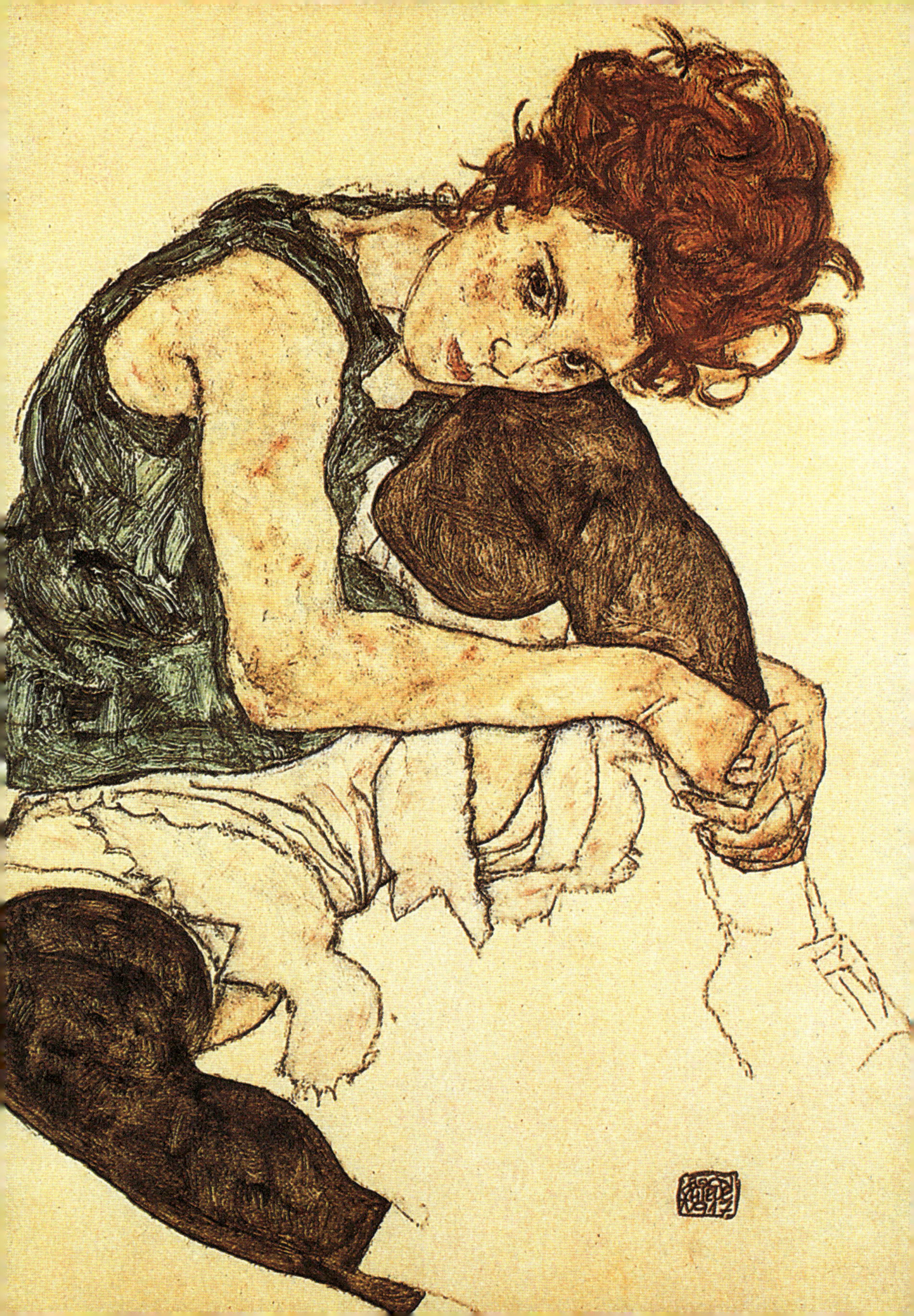

被撕裂的问题

在当时,一个人独力支撑的学说和实践能产生什么效用呢?仅凭弗洛伊德的魅力、才智和仁慈不能发挥作用,依靠神经症治疗、精神病院的收容也不可能产生改变。那个时代的艺术和雕塑反映了当时人们思想和情感上的基调:担忧和心碎。欧洲的精神生活和文化生活遭受着各种各样的入侵:叔本华、尼采、陀思妥耶夫斯基、斯特林堡和韦德金德,他们把人类柔和安宁的表象撕裂,马勒的音乐也开始制造不协调。

弗洛伊德放弃再唱挽歌,而是寻求更多的确定性。那些焦灼的、从未被规范的问题从他的书房后面、从那些着急的受访者嘴里倾吐而出,他把这些在他之前从未有人有能力接收的问题——接收,并给出梳理的思路。围绕弗洛伊德的运动证实了一种意识的存在:一体性的神话已经不再,这种意识正经历着痛苦的分裂。

人类被自己不知道且不再能掌控的东西压倒,他们质疑对自己的新认识,这种不完整的、潜伏着的新事物——正是这些撕裂所讲述的。

早期门徒

只需要步行 25 分钟,就能从死寂的维也纳市中心走到舒适的博格街 19 号公寓的中产阶级基地,在这里,有些事情正在发生。弗洛伊德和他的第一批学生正在一步一步地改革人类的认识。

新的参与者从四面八方到来,加入这场前所未有的新教学。在教学中,他们要从自己的嘴里寻求另一种真相,然后像审判案件一样求助于上级法院,以求撤销判决——对人类的判决。

正是在讨论"自希腊以来悲剧的起源"这个问题时,这些新的心理治疗师谈道:人性,无论有没有受到好的对待,都会在每个人身上传递和再现。这种关于"人性"概念的观点如果得到传播,将在所有知识领

"我想告诉你……我心中被一种平静的确信所占据，它让我等待一个声音，这个声音会从陌生的人群中发出，对我做出回应。这个声音的主人就是你。"

致荣格（右图）
1907年6月

域产生影响。但要在欧洲范围传播这个观点，需要一个跳板，为这场运动提供一个决定性的推动力。这个跳板叫作卡尔·古斯塔夫·荣格。

荣格，"亲爱的朋友和同事"

荣格出现在弗洛伊德从维也纳向苏黎世发展的过程中。承受了好几年的孤立，勇敢地从事着"这种受人诋毁且将来并非有利可图的职业"，弗洛伊德终于在1904年收到了布洛伊勒医生的一封信，布洛伊勒是瑞士布尔格赫尔兹

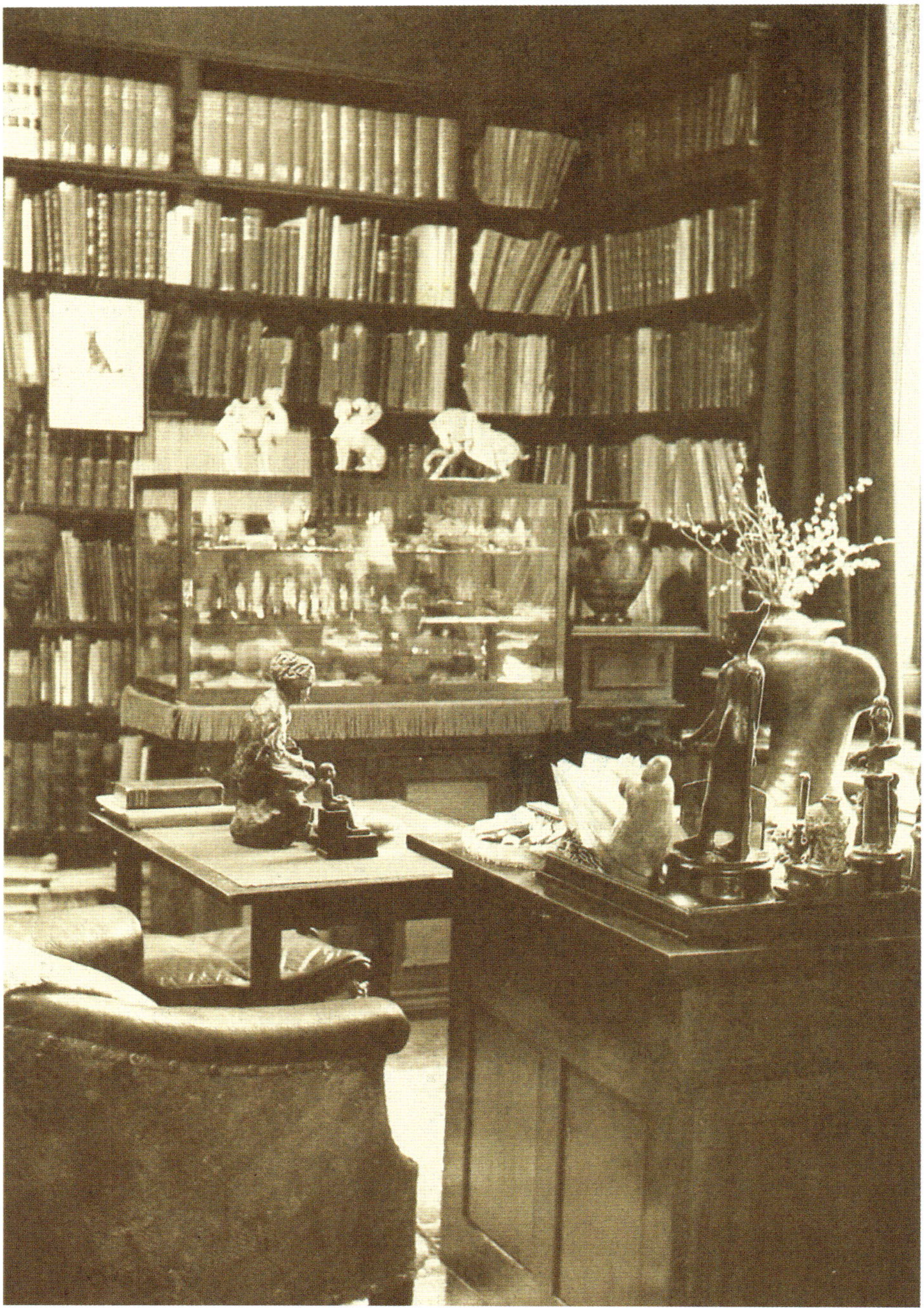

利诊所的医生,在治疗严重精神病上世界知名。布洛伊勒曾就弗洛伊德对歇斯底里症的研究做出过公开报告,而荣格也围绕《梦的解析》进行过内部讲座。

1902年,荣格发表了博士论文《论所谓神秘现象的心理学和病理学》,给弗洛伊德的思想留了足够的空间,但性理论除外。荣格作为精神病学前哨之一,弗洛伊德对他的公开认可感到十分满足,便在1908年拜访了他。

在此之前,1906年,弗洛伊德就购买并阅读了这位后辈的著作《联想的诊断研究》,之后荣格也把著作寄给了他,就在这个时候,他们开始了定期而频繁的私人通信。直到1914年关系破裂。

弗洛伊德一生收藏古董,不只是因为他的好奇心和品味,这些古董还告诉他:不要忘记来世。这里指的不是宗教中人死后和出生前的位置,而是指人类在时间长河里的传递与接力。这种与古物之间的联系与交流向弗洛伊德表明了:脱离与远古的关系,每个人都不可能存在。

亲密之链与科学之网

就像他们两人的关系一样,精神分析运动的历史纽带是由亲密的链条和科学的网状结构共同编织而成的。最丰富,有时也最有戏剧性的,是这些联结反映了这奇怪而神秘的相遇里,主体和客体的"移情"①。这种移情的规律发生和过度释放,我们依然称为"精神分析"。

---

① 精神分析的术语,表示把重要的他人的形象投射到某人身上,从而产生某种情绪反应。

1938年5月，摄影师埃德蒙·恩格尔曼知道了弗洛伊德在纳粹的骚扰下即将离开维也纳，决定通过影像保存弗洛伊德的公寓和办公室。他也是犹太人，因此这个报道是在紧急和危险的状况下进行的——盖世太保不断地监视着弗洛伊德的房子，他不能用闪光灯和灯光，以免引起注意。他给我们留下了如此珍贵而感人的照片，"从入口处看到的陈列柜"。

"没有患者预料到会在一个精神分析室里发现这样的景观，很少人会知道这个房间是一个真正的文物博物馆，里面放着来自埃及、希腊、罗马和东方的各种文物。这些雕像的目光从四面八方注视着他们，仿佛在突出强调着弗洛伊德的观点。这些来自过去的雕像，面向着来这里挖掘自己的来处与隐藏历史的患者，静默无声却极具说服力。"

丽塔·兰索霍夫
《相片传奇》

第四章 一场永无止境的运动 083

在 1912 年创刊的《意象》(*Imago*) 杂志是弗洛伊德精神分析运动的官方出版物之一，里面提到了"精神科学"。后来，在荣格与弗洛伊德产生分歧后，"意象"这个词成为荣格理论的关键概念。

JMAGO
ZEITSCHRIFT FÜR ANWENDUNG DER PSYCHOANALYSE AUF DIE GEISTESWISSENSCHAFTEN

弗洛伊德自己也无法抵御过度移情的影响，在荣格身上，他特别注意到那些能为他自己的"事业"服务的特质：年轻，无所畏惧，雄心勃勃，还有至关重要的——不是犹太人，因为他已经受够了盛行一时的反犹太主义了。他没有从荣格的神秘主义倾向中看出任何东西，但正是这种倾向使他很快反对精神分析中"性"的重要地位。最后，弗洛伊德把荣格这枚主力棋子（忠诚的追随者和朋友）放到了维也纳精神分析学家和瑞士精神分析学家错综复杂的棋盘上，并且仍然对移情的表现（例如把对方当成别人，对彼此又爱又恨，既互相吸引又互相排斥）视而不见。

这是弗洛伊德 50 岁生日时，他在维也纳的追随者们送给他的纪念币的一面。这个希腊铭文出自索福克勒斯的《俄狄浦斯王》："俄狄浦斯王解开了这个著名的谜题，他是一个强大的人。"纪念币的另一面是弗洛伊德的肖像。

弗洛伊德：疯狂中的真理

组织和传播

如果说精神分析得到决定性认可并蓬勃发展的局面是荣格在苏黎世造成的，那么弗洛伊德的学说也是通过在布尔格赫尔兹利工作的卡尔·亚伯拉罕、马克斯·艾丁根、赫尔曼·农贝格和弗朗茨·瑞克林等医生才能发扬光大的。"苏黎世的人们因此形成了为精神分析被认可而斗争的小团体的核心，我现在的大多数支持者和合作者都是从苏黎世来找我的。"

1908年的复活节，弗洛伊德在萨尔茨堡举行了第一次私人聚会，这是在新环境下召开的第一次讨论大会。弗洛伊德提出了强迫性神经症研究中的"狼人"案例，在大会的最后，大家决定共

玛莎是弗洛伊德年轻时的热恋对象。这对夫妻对彼此忠诚，在关系中相互奉献、相互理解。正如欧内斯特·琼斯所指出的："在他们53年的婚姻生活中唯一值得一提的'矛盾'是由一个重要的问题引起的：'蘑菇煮的时候应不应该去茎？'"上图是弗洛伊德和玛莎在1911年银婚纪念日上的合影。

第四章 一场永无止境的运动

在这个合照中,弗洛伊德、荣格、费伦齐、琼斯和布里尔围绕着在克拉克大学接待他们的斯坦利·霍尔教授。"这是我们的努力首次得到官方认可。"

同出版杂志《年鉴》。弗洛伊德被忠诚的追随者团团包围着,建立起一个能确保知识传播与复制的组织,这个组织是知识的活来源,也是他的皇家军团——他的推荐人。

"他们不知道我们给他们带来了瘟疫"

精神分析学逐渐走向国际。1909年，克拉克大学的校长斯坦利·霍尔教授邀请弗洛伊德他们跨越大西洋，来到波士顿附近的伍斯特进行演讲。他做了五次演讲，后来据此出版了《精神分析五讲》，并获得了荣誉博士的称号。

荣格、匈牙利医生费伦齐、多伦多大学教授欧内斯特·琼斯和在纽约从事精神分析的亚伯拉罕·布里尔也参与了这次启蒙和传播之旅。

这一代美国人激起了弗洛伊德许多情感（他在波士顿一家餐馆里晕倒了），还引出了一句据说从没说过的话："他们不知道我们给他们带来了瘟疫。"在不同的国家，精神分析学会逐渐以科学社团的形式组织起来。

1910年3月，这些国家分支机构的第一次国际集会在德国纽伦堡举行。1911年则在德国魏玛举行，1915年在德国慕尼黑举行。弗洛伊德、荣格、费伦齐和布里尔都满怀热忱地为这门日益精确的学说提供论证。现在，这门学说已经远远超出了精神病理学的范畴。

接二连三的发现

这些研究并不是一个样本的无限重复，每一次出版，每一次会议，弗洛伊德都在进行自我更新，进一步突破原本的限制，进而延伸到治疗学

"谁能想到，在遥远的美国，从波士顿坐火车要一个小时才能到达的地方，有一位受人尊敬的老者，正不耐烦地等待着《年鉴》（精神分析学的官方杂志）送达。他阅读并理解其中的一切，然后，用他的话来说，'告诉我们他的事实'。"

致普菲斯特
1909年10月

这是1911年9月21日和22日举行的魏玛大会的合照。弗洛伊德和荣格处在与会者的中心，弗洛伊德的好友露·安德烈亚斯-莎乐美戴着毛领子坐在中间。这个小组将在整个欧洲传播弗洛伊德的发现。

领域、美术领域和文学领域可能的应用。

无论是1911年通过分析施雷伯大法官的笔记，取得偏执症研究方面的显著进展，还是对文学文本（《詹森〈格拉迪沃〉中的谵妄与幻梦》）和大师画作（见1910年《达·芬奇及其童年的回忆》）的惊人洞察，都证明了弗洛伊德是一个多么出色的发现者，精神生活中难以想象的种种症结在他面前只剩下小说艺术和病理学上无可挽救的痛苦。

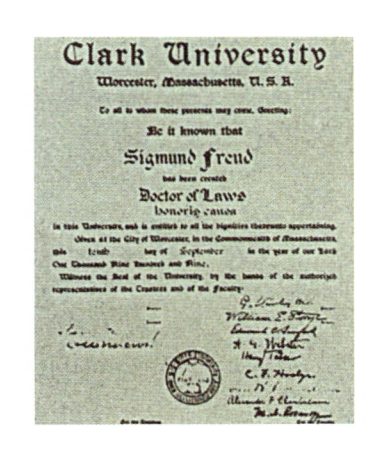

保持航向

在弗洛伊德（荣格和阿德勒）推动的这场运动中，最严重的分歧和破裂不是由个人简单造成的：在所有的情况下，每一个批评都是为了维护"锋利的真理之犁"（拉康），弗洛伊德本人也热衷于自我批评，但正是这种无情的批评让他赶走了同路人。他是一位开明的领导者，无论付出什么代价，他都会坚持下去。

弗洛伊德和他的学生们并不是在创造一种新的智力上和精神上的官僚主义，他们试图通过对精神分析主要问题的训练，尽可能严密地识别出以最人性的方式在人类中传播和复制的东西——围绕语言表达的无意识意义。因此有必要制定一套要求，一套道德准则。这种形式的立法，在弗洛伊德一生中，由当时最具弗洛伊德精神的精神分析学家实施。这也证实了对一名分析师的认可与

在他们友谊的开始,荣格给弗洛伊德介绍了一本鲜为人知的作家写的小书:詹森的《格拉迪沃》,书名的意思是行进的人。这是一名考古学家因为一名少女(他想象她是一个被埋葬在庞贝的希腊人)的轻盈步伐引起精神失常的故事,弗洛伊德对这个故事非常感兴趣,并在1907年写了一篇精神分析的评论,寄给了詹森。此后,他一直迷恋着这件优美的浅浮雕(左图),迷恋着被保存在石头上的这位年轻女子的身姿,并让人在他的工作室中挂起了一件它的石膏复制品(右图)。

弗洛伊德:疯狂中的真理

"在卢浮宫的画作《圣安娜与圣母子》中,奥斯卡·普菲斯特有了一个独特的发现,就算我们不会全盘赞成,也绝不会否认这个发现颇为有趣:他从圣母那古怪地纠缠着的披风中辨认出了秃鹰(母性的象征)的轮廓,并将这解释为一个无意识的谜语意象。"

——《达·芬奇及其童年的回忆》

其说是基于知识,不如说是基于他对真理的迷恋。在这样激烈的辩论中,会产生许多摩擦,甚至是危险。这是一个关乎人类语言代代传承和复制的问题。

纳粹德国想要灭绝的,正是这种活生生的、复制繁衍着的语言,他们大规模且匿名地屠杀了所有那些和弗洛伊德一样对真理有同样追求的人。

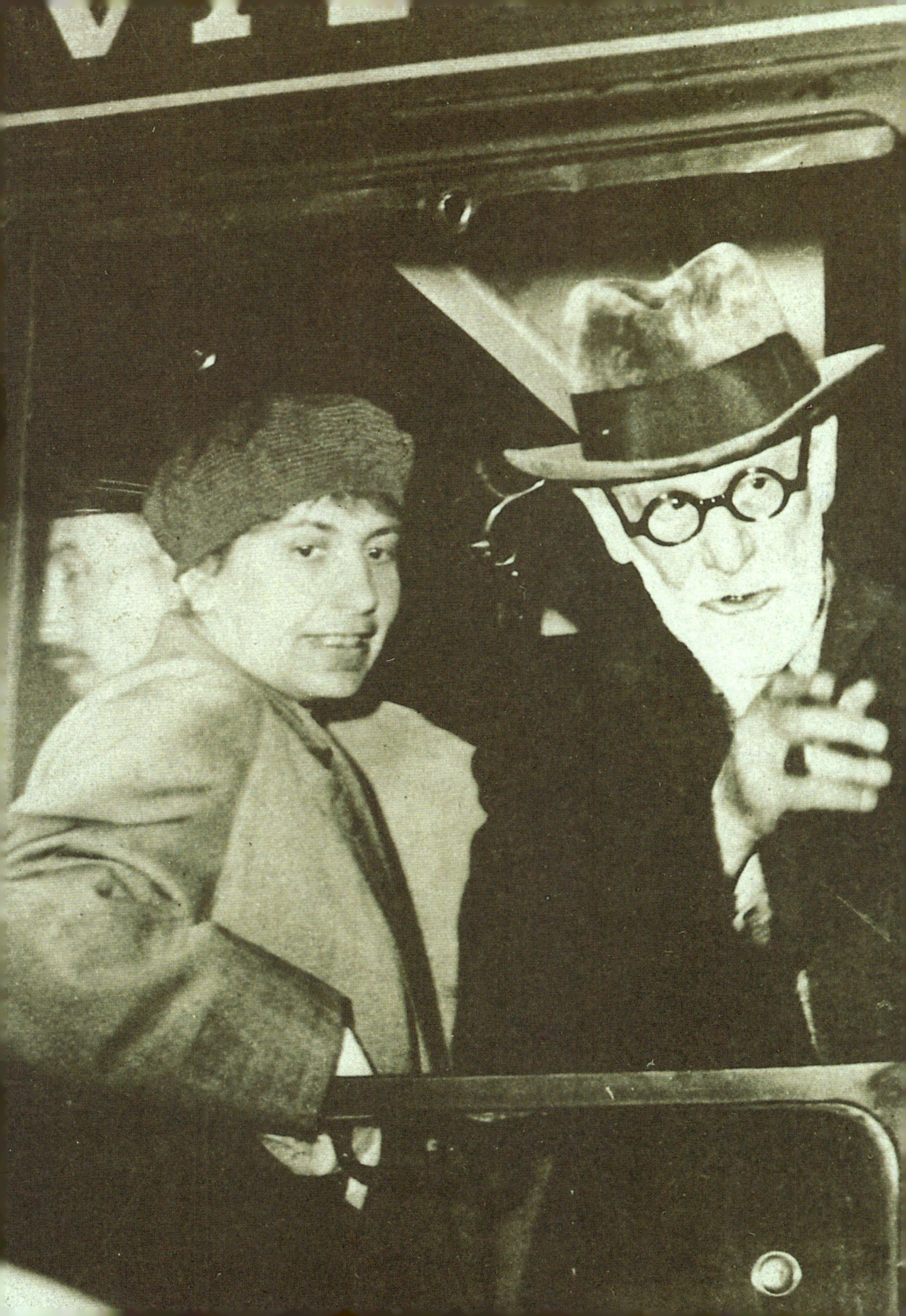

EST-CE CHOSE POSSIBLE ?

第五章
这是真的吗？

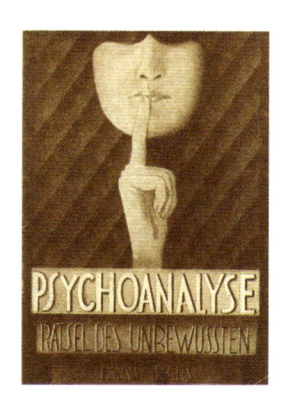

"确实，这项'事业'在各地都得到了进展，但你似乎高估了我从中获得的快乐。分析能带给我的个人满足，在我独自一人的时候就已经得到了。自从其他人加入了我的行列，对于我来说，遇到的麻烦多于快乐。"

致普菲斯特
1920 年 12 月

美国人想拍一部关于精神分析的电影，他们联系了卡尔·亚伯拉罕来写剧本，亚伯拉罕提到了弗洛伊德，但弗洛伊德拒绝参与："把精神分析理论的抽象概念转移到电影里是不可能的。"左图是弗洛伊德和他的女儿安娜在开往巴黎的火车上。

乔治·格罗德克（1866—1934）是一位医学博士、作家和精神分析学家。弗洛伊德1917年写信给他说："我有权利也有义务肯定说，你是一位一流的分析家，能精准地抓住事情的本质。任何人，只要认识到转移和抵抗是心理治疗的关键，都隶属于我们这个野蛮部落。"

那么，这就是胜利了。理论尽人皆知，但为什么还闷闷不乐呢？为什么这种幻灭与最初的曙光形成了如此鲜明的对比？弗洛伊德在这些收获的背后，到底付出了什么？"对我来说，精神分析的历史分成两个时期：第一个时期，我独自一人完成所有工作，这是从1895年、1896年到1906年、1907年。从那时直到现在，则处在第二个时期，我的学生和合作伙伴的贡献变得越来越重要，以至于现在，当我因为一场重病明白我的生命即将走向终结的时候，我可以以一种极大的平静来考虑终止我的活动。"

格罗德克是"本我"（德语里是es）这个词的发明者，这是精神分析理论的基本概念之一。但最重要的是，他是一位出色的治疗师，时刻准备着治愈患者，被他的许多同行视为一位独立的精神分析师。

组织病变

1925年，《弗洛伊德自述》一书出版时，弗洛伊德已经69岁了。那时的他，离生命结束还有14年。早在1917年，他的口腔就出现了组织病变，

爱神被死神打败了吗?"所有生命的最终目标都是死亡。……无生之物先于有生之物存在。"1925年5月,弗洛伊德在给露·安德烈亚斯-莎乐美的信中写道:"它就像一种共振一样消失了。"他身上的某些冲劲、渴望、敏捷都受损了。

第五章 这是真的吗？

对于弗洛伊德而言，失去女儿苏菲（左图中的女子）是最残酷的打击之一。"失去孩子这种经历是严酷的，它使人的自我受到破坏，我们的巨大悲痛也由此而来。"苏菲最小的儿子海内尔3年后也去世了，年仅4岁半。

很可能是吸烟过度引起的。

癌变逐渐扩散。1923年的4月20日，弗洛伊德接受了手术，这是一连串手术，也是一连串痛苦的开端。在后来的病变过程中，他不得不在上颚安装人工支架——他所谓的"怪物"。

未来将与弗洛伊德分道扬镳的威廉·赖希指出，国际精神分析组织几乎是决定性的发展与弗洛伊德癌症发病之间有着令人不安的巧合。此外，在1920年，在《超越快乐原则》一书中，弗洛伊德将他所谓的"死亡驱力"理论化，这种驱力和生命相对立，是一种倾向于消弭紧张，将生命在某种程度上平复到无机状态的驱力："一切有生之物必然死于内部原因。"

这个决定性的公理既适用于弗洛伊德的日常生活，也适用于他的理念和精神分析运动的发展，后者将不断创生，也不断毁灭，永不休止。在爱神的反面——死神塔纳托斯的主宰下，一切都将在静默中瓦解。

禁忌、未来与不安

不过，这台机器仍然在运转着。1914年战争期间，和其他人一样，弗洛伊德也遇上了资金不济的问题。但真正刻骨铭心的是他的哀痛：在前线的两个儿子生命受到威胁，1920年，女儿苏菲去世，1923年，孙子去世。

但没有什么能阻止他继续工作和写作。也许是因为太快就被放在精神分析运动的领袖和父亲的位置上，他反思了宗教和神话，强调了一些对原始而古老的思想结构与信仰、宗教的社会和主

在和尼采、里尔克有过密切的关系后，露·安德烈亚斯-莎乐美在1911年结识了弗洛伊德，然后开始自学精神分析，主要研究自恋。弗洛伊德说："她是精神分析领域的诗人。"

观功能之间关系的基本思考。这个转折是从 1913 年的《图腾与禁忌》开始的，也是在他准备解雇荣格的时候，这时荣格对他而言已经成了一个不听话的儿子。

"原始部落的父亲作为一个绝对的暴君，垄断了所有的妇女，并杀死或驱逐危险的对手——儿子们。然而有一天，这些儿子联合在一起，战胜了他们的父亲。他们一起杀死他，吞噬他。他曾是

下图是弗洛伊德和他两个战争期间休假的儿子的合照，坐着的是恩斯特，站着的是马丁。1914 年 12 月，战争之初，弗洛伊德写道："正常人的梦和缺乏行动，以及神经症患者的症状，使精神分析学家得出结论：人类原始、野蛮、邪恶的冲动没有在任何个体身上消失，在压抑的状态下、在无意识中，它们依然在延续。"

戈雅的这幅画,《农神吞噬其子》,在暴力中展现了构成弗洛伊德思想的最奇诡、最令人不安的神话——图腾飨宴。通过吞噬父亲这种同类相食行为,儿子们对他产生了认同,并吸收了他的力量。

他们的敌人,也是他们的理想。契约签订后,他们互相阻挡了前进的路,无法接管他的财产。在失败和悔恨的影响下,他们学会了互相容忍,根据图腾崇拜的规定,联合成一个兄弟家族。为了防止类似的行为再次发生,他们彻底放弃了对那些女人的占有——他们因为她们杀死了父亲。"

第五章 这是真的吗? **099**

关于母亲的逝世，弗洛伊德在给费伦齐的信中写道："只要她还在世，我就没有权利死亡，现在我有了这个权利。"

怎样才能成为文明人？

在确立了禁忌的神话价值、主体价值和社会价值后，来自精神分析运动内部的异议已经没有什么存在的空间了。弗洛伊德几乎是连续地写下了《一个幻觉的未来》（1927）和《文明及其缺憾》（1930），从他熟悉的思维方式开始，反思宗教和文明的性道德，这涉及文化为抑制性冲动、放弃对性冲动的即时满足所花费的巨大努力。

对他来说，我们每个人心中显然都有一个未成熟的孩子，而文明对我们的要求太高了。这反映了他对人类制度以及人类适应和克己的能力缺乏信心。

随着他对世界的僵局了解得越来越透彻，他对自己和世界都产生了许多不安，但因为人生的每一次转折都是对他的理论进行重新修正的机会，他还是得在种种不安中确保自己作品的正确性，不然，在世人眼中，他短暂的声望就会像错视画一样不堪细看。

如今的他，拥有着国际声望，获得了公众的认可，他的写作不再可能没有痛苦煎熬。但他的勇气反而变得更大了，对自己的主要兴趣也保持着忠诚，这毫无疑问把他引向了书籍和考古，他的公寓只是他的珍藏的一个小小缩影。

对他来说，这一切的代价到底是什么？这种代价是不是太高了？他和学生们的深厚友谊留下的失望，生活受到的严重腐蚀，都让他雪上加霜，成了痛苦、失望甚至是悲伤的一部分。他很痛苦，但在世界各地，他得到最大的尊敬和赞扬。

安娜·弗洛伊德（下图）将负责继续传播她父亲的思想。在她父亲去世后，她成了精神分析界最权威的人物。她继承了父亲的精神分析学说，注定要提供一种正统的形象。

备受赞誉的孤儿

1930年，弗洛伊德无条件信任和支持他的母亲去世了。同年，他被授予歌德奖。这两个伟大的神话般的名字终于联结在一起："唉，我本来不能放弃！我的身体太虚弱了，没法参加法兰克福的颁奖

精神分析学家还是作家？弗洛伊德似乎兼而有之。他是一名精神分析学家，可以说，他不得不这样做。但你可以想象，凭他在文学方面堪称典范的知识，担任一名作家是一种诱惑。弗洛伊德被授予歌德奖，是作为精神分析学家得到认可，也是作为从未停止写作的学者，以其古典、敏锐、优雅的文笔得到了赞扬。

在治疗实践之外，弗洛伊德从未停止过对人类文化和文明的质疑。这种兴趣在他为陀思妥耶夫斯基（上图）的小说《卡拉马佐夫兄弟》所作的序言的每一页中体现得淋漓尽致："论弑父问题与道德基础。"

仪式，但观众不会因为我的缺席而有遗憾，我的女儿安娜比我长得好看，声音比我好听，她会给你读几行关于歌德和精神分析关系的文章。"

这个奖项在第二次世界大战前夕具有巨大的象征意义，它把弗洛伊德与那个时代的伟人长期以来保持的私人和书信关系放大并公之于众，这些人包括了托马斯·曼、罗曼·罗兰、斯蒂芬·茨威格、阿诺德·茨威格。和他们在一起，他从未停止过竭尽一切可能地宣传和普及他的工作——"心灵胚胎学"。

EINSTEIN   FREUD   STEINACH

这幅漫画说的是一个臭名昭著的现象：一个人即使对弗洛伊德一无所知，也会听说过这位被称为"爱情专家"的医生，这是当年媒体给他起的绰号。1932年，弗洛伊德和爱因斯坦应国际联盟的委托一起写了一篇文章：《为什么要战争？》。

弗洛伊德的发现被亲如儿子的门徒们（他们来自《意象》杂志和《国际精神分析杂志》这两家负责传播精神分析学说的机构）一丝不苟而又富有创造性地整理了出来。这些发现是他凭借重新拾起的精力完成的对生命的书写，而这仅剩的精力也摇摇欲坠。

灾难前的爱之子

摩西这个高大的人物意象，不能不让弗洛伊德着迷。因为他像摩西一样，成了带领一群知识分子穿越思想和生命诱惑的人。弗洛伊德对摩西

1912年，弗洛伊德秘密联系了一些他最忠实的精神分析学家（例如兰克、亚伯拉罕、艾丁根、琼斯、费伦齐和萨克斯），向他们每个人赠送了一枚戒指。这个同好者组织称为"委员会"。通过这些人，弗洛伊德未来的创见和著述才得以传播。直到1924年兰克的离开和1925年亚伯拉罕的离世打破了魔咒，委员会解散了。

意象的迷恋经历了两个时期，在罗马的时候，他深深地陶醉在米开朗琪罗的摩西雕像中，从雕像那慈爱又具有帝王权威的目光中看出，他仿佛已经知晓一切并预言其余。他在自己的随笔中留下了眼花缭乱的痕迹，这在艺术史上是前所未有的。那是在1914年，弗洛伊德与荣格彻底决裂，弗洛伊德与摩西两个名字的亲密联系还没结束。

在去世前数月，弗洛伊德凝聚最后的力量，集中所有的想象力与创造力，平静地重读了他关于摩西的第二篇文稿，带着独属此人的甜蜜。他的学生和朋友玛丽·波拿巴说，对"摩西"这个名字，他不会有哪怕一丝一毫的攻击性。

他必须这样做，而他也做到了。这一次，他没有用他的英雄的名字代替自己。"面对新的迫害，我们再次扪心自问，犹太人是如何变成现在这个样子的？为什么他们永远招人痛恨？我很快就想出了一个公式：因为摩西创造了犹太人。我的书的标题是《摩西与一神教》。"

这篇文章最初是匿名发表的。"文章没有引起共鸣？"毕竟对他来说，"我这个人已经死了"。徒劳的战争和疾病瓦解了他最后的自我堡垒，这个堡垒已经被时间磨损殆尽。甚至他的狗也离他而去，因为这个可敬的人散发出了腐烂的味道。

但在这件事情上，没有什么损失。对他这个独特的智者来说，精神分析会议只不过是一个可以应用他的理论的机会，他可以借助这个机会向那些远道而来的、付出了高昂代价的、仍然躺在他亲爱雕

上图是斯蒂芬·茨威格和罗曼·罗兰。

像的阴影中的人解释他的学说。但现在一切都别提了。希特勒来了。

安娜在盖世太保那里

弗洛伊德像以往一样，只身一人支撑着自己的事业，他本来把自己事业的剩余生命交给了安娜。她和他一起，与他同舟共济，为他照顾一切。在他生前，她是他唯一的继承人。1938年3月22日，他在记事簿里写下了一句话："安娜在盖世太保那里。"我们为之战栗。这是不可想象的。这是真的吗？

被仇恨蒙蔽了双眼的纳粹党会迅速屠杀一切，毁灭所有作品和与之相关的代表人物。但安娜坚持住了，她背地里通过玛丽·波拿巴公主，用外交手段挫败并推迟了他们的野蛮计划。因为无力面对不可想象且无法挽回的结局，弗洛伊德离开了维也纳，途经巴黎，最终

左图是弗洛伊德在他工作室的照片。在聆听了数百个患者的个人故事后（在这些故事中，父亲常常是症结所在），他作为拉比的孙子，回到了犹太人民和犹太领袖的神秘身份的问题上。他支持摩西不是犹太人而是埃及人的假设。就在这个工作室的门口，纳粹党画上了纳粹标志，盖世太保在他的家里大声搜查，他的女儿安娜也被带走。

摩西发现犹太人崇拜牛犊后，便大发雷霆，但他注意到如果跳起来惩罚自己的人民，就将打破律法石板，于是他控制住了愤怒。米开朗琪罗雕像的第三个动作正描绘了他压制怒火的画面。为了支持自己的解释，弗洛伊德画了这幅素描画。

到达了伦敦。

　　弗洛伊德流亡到英国，带着他的雕像，带着他不愿意任其流失的那些关于人类秩序的崇高印记——象征性的，在传递中延续之物。在他的直系亲属中，已经有四名留在维也纳的年长妇女最终在死亡集中营中销声匿迹。

第五章　这是真的吗？　107

在他英国的宁静小花园中，弗洛伊德可以从容地走向死亡。他竭尽所能地做了他应该做的，剩下的路就要让其他人继续了。

由于受到最高外交当局的保护，再加上不愿离开维也纳时受到亲戚们的迫切要求，弗洛伊德幸运地避开了毒气室、监禁以及在集中营（下页上图）劳役至死的噩梦。在伦敦，一切都为他准备好了，他可以在那里继续享受读书看报、偶尔参加分析会议、养护上颚的平静生活。奥斯维辛和伦敦之间隔着天堑。

冷漠的死亡

1939年6月16日，弗洛伊德在给玛丽·波拿巴的信中写道："我的世界又回到了从前的样子，像一个苦难的小岛，在冷漠的海洋中漂浮。"他平静而坚定地走着生命的最后路程，无谓的病痛已经到了无法承受的程度，于是他请求医生马克斯·舒尔想办法结束这一切。他最后阅读的是巴尔扎克的《驴皮记》。坏疽已经在他脸上形成了一个洞。

1939年9月21日，他的愿望实现了。20毫克的吗啡，让他陷入了安眠。安眠的尽头，就是死亡。那是9月23日凌晨3点。

这种死亡的甜蜜与冷漠，与人类历史将欠下的债遥遥呼应。弗洛伊德的作品可以帮助那些渴望知道人类历史到底发生了什么的人了解更多。面对资本市场的威胁、种族主义的兴起，弗洛伊德阐述并证明了一件事："在精神上，人的欲求超出了自己的能力。"

随着现代化的诞生，一边是大屠杀的集体坟墓，一边是大规模的工业生产，我们需要有人提出这个问题：这到底是什么？难道比人更重要吗？

怀着忧郁，感激生活带给他的"意想不到的礼物"，这是弗洛伊德在最后的时光里对生命的态度。一位病人在弗洛伊德80岁生日时曾送给他一束栀子花，从他给这位病人的感谢信中，我们可以看出这一点："你的白色花朵全都安然无恙地送到了我手中，它们把房间装点得漂漂亮亮。我曾以为自己对赞美和指责都已经麻木了，但当我读到你亲切的话语，发现它们给我带来多么大的快乐时，我起初觉得我自以为的坚定只是一种自我欺骗。然而，我反复思索后得出结论，不是这样的。你给我的不是赞美，而是爱，我不以这种满足为耻。在我这个年纪，生活并不容易，但春天是美好的，爱也是如此。"

RUE SIGMUND FREUD

TÉMOIGNAGES ET DOCUMENTS

资料与文献

弗赖堡的孩子　112

家乡外的家　116

弗洛伊德与沙尔科　122

狼人之梦　128

移情　135

书房以外：弗洛伊德及其时代　140

无意识与政治　151

何谓文明？　157

年表　161

相关文献　166

插图目录　171

索引　178

图片版权　183

弗赖堡的孩子

学习了弗洛伊德挖掘被压抑的精神生活的方法后，人们可能恨不得想催促整个苏格兰场①来梳理这位精神分析学创始人的童年。其实弗洛伊德自己也没有忽视这项任务。不过，他公开发表的言论似乎和他的私生活还有许多差距，有待发现的细节也不少。可以确定无疑的是，弗洛伊德出生在摩拉维亚的一个小镇，弗赖堡。

1856年5月6日，西格蒙德·弗洛伊德出生在弗赖堡锁匠街117号房。在此之前，他的父母从417号搬到117号的确切时间我们不得而知，这两栋房子相距也只有几步之遥。1855年7月29日，40岁的鳏夫雅各布·弗洛伊德在维也纳犹太教堂与维也纳商人的女儿，19岁的阿玛莉亚·纳坦松结婚。大概在结婚前后不久，他们就搬到了锁匠街。

…………

这对年轻夫妇在弗赖堡锁匠街117号房迎来了第一个儿子西格蒙德的出生。这所房子很偏僻，当时只有一层，而不是两层。……这房子属于扎伊奇家族四代人。……扎伊奇家族的所有后代都是锁匠大师，他们的车间在房子的一楼。弗洛伊德一家住在一楼，同一层的另一个房间则由房东和他的家人们居住。附带一提，对于一个庞大的工匠家庭来说，几个家庭成员大部分时间都住在车间、睡在车间，也没有什么不寻常的。扎伊奇的家人就是这样。

西格蒙德后来在著作中回忆，除家里人之外，对他产生了很大影响的还有他的医生和他的保姆。

保姆是最有趣，也是最神秘的。弗洛伊德回忆道：

> 在这层层加密的梦的根源，有一个女佣的记忆，她从我还是婴

---

① 英国首都伦敦警察厅的代称。

儿时就开始照顾我，直到我两岁半。我意识里仍然有一个模糊的记忆。根据我最近从我母亲那里打听来的信息，这个女佣又丑又老，但很聪明能干。从我的梦看来，她并不总是亲切地对待我，当我没有保持整洁时，她就会严厉地教导我。她对我的教育，使她在我的梦中被当作古老的史前时代的化身。

他在1897年10月3日给朋友威廉·弗利斯的一封信中回忆，正是这个女佣常常带他去天主教堂："我只能说……我的'原始载体'是一位又老又丑但精明能干的女人，她对我说了很多关于上帝和地狱的故事，并对我的能力有很高的评价。"

十几天后，即1897年10月15日，弗洛伊德再次写信给弗利斯：

> 我问我妈妈还记不记得我的保姆。"当然。"她说，"她年纪很大，非常聪明，常常带你去教堂。你从教堂回来之后，常常跟我们讲宗教故事。但在我生下安娜（据档案记载是1858年12月31日）那时，大家发现她是个贼。他们在她房里找到了很多别人送你的新便士钱币、十元硬币，还有玩具。你哥哥菲利普去报警了，后来她坐了10个月的牢。"

弗洛伊德还保留了对"保姆"的其他回忆：

1931年10月：在弗赖堡，弗洛伊德出生的家门前，举行了向他致敬的仪式。

比如说，她曾经要我把别人送我的小硬币都给她，这虽然是件小事，但后来发生的事说明了她有别的意图。于是我为了解梦，向我母亲询问这个保姆的事。她告诉了我各种各样的事。例如当我母亲忙着准备尿布时，这个聪明但不诚实的女人就在家里偷了许多东西，在我同父异母兄弟的控诉下，她被送上了法庭。这些信息就像一束光一样让我恍然大悟，理解了之前说的儿时记忆。女佣的突然消失对我来说并不是一件平淡的小事。

经过勒内·吉克霍恩夫人的帮助，我在新伊钦（Nový Jičín）区档案馆的《1857年弗赖堡家庭用人登记册》第6页中查找到了需要的信息，上面说玛丽亚·弗洛伊德雇佣弗赖堡居民莫妮卡·扎伊奇为 42 号房的女佣。玛丽亚·弗洛伊德只能是伊曼纽尔·弗洛伊德的妻子。正如我们在《外国居民登记簿》上了解到的，他们住在布莱泽克夫人的 42 号公寓里。

"犹太人允许雇用用人，但必须向当局申报。因为《1857 年弗赖堡家庭用人登记册》显示，弗洛伊德家族并没有其他用人。我认为莫妮卡·扎伊奇很可能是雅各布·弗洛伊德锁匠街那所住房的房东的家人，在弗洛伊德家干活赚外快。她向当局登记自己为玛丽亚·弗洛伊德工作，同时照顾小西格蒙德，带他去散步，用捷克语和他交谈，带他上教堂。

"当时，雅各布·弗洛伊德不可能雇用一个未经申报的用人。N.J. 地区档案馆中有 1857 年 12 月 19 日当局公布的通知草案：'居住在弗赖堡的外籍犹太人已经三次被征召入伍无果。所有提到的人都必须在 24 小时内缴纳 8 荷兰盾的罚款，否则将被驱逐出境。'这条草案涉及的卡布特·马德莱娜在玛丽亚·弗洛伊德夫人家当杂工，但在档案里已经找不到卡布特的名字了。显然，卡布特在草案发布后立即离开了弗赖堡。我提这个事实是为了说明当局非常了解人们——尤其是犹太人——的活动，这也证实了我的观点：雅各布·弗洛伊德确实不可能雇用一个未经申报的用人。"

西格蒙德·弗洛伊德对他在弗赖堡生活的回忆表明，雅各布、伊曼纽尔和菲利普三个家庭一起住在锁匠街的一所大房子里。但我们有证据认为，只有弗洛伊德的父母住在一楼的一个房间里。房东扎伊奇的家人住在第二个房间，一楼是车间。

（以上内容来自：约瑟夫·沙伊内尔的《西格蒙德·弗洛伊德与他的家乡弗赖堡和摩拉维亚的关系》，发表于巴黎弗洛伊德学派内部刊物《学校书信》1979 年 3 月第 26 期。）

家乡外的家

紧随着《梦的解析》,弗洛伊德在 1901 年又出版了《日常生活的精神病理学》,让我们想更多地了解他是如何安排自己的日常生活的。这些日常生活和行为可以给我们另一个视角,去观察思想和心理的运作。

日常生活环境

1900 年,弗洛伊德住在博格街 19 号。在 1891 年时,他就和家人搬到了那里。他在那里住了 47 年。这是一座 18 世纪风格的柱廊式建筑,非常气派。他在第一层租了一套公寓,诊所和工作室则位于夹层。但在 1907 年底,他搬到了原来的家旁边的那套公寓,和原来同一层。原来的家从那时开始给他的妹妹,比他小 4 岁的罗莎居住。

从我们的视角来看,弗洛伊德的家环境挺奇特的,到处都摆满了他大约在 1896 年开始收藏的小饰品。在他办公室的墙上,有一个《格拉迪沃》的浮雕;对面是一个书桌,上面摆着一件中国兵马俑,还有两个装满了骨头碎片的花瓶、玉器、埃及圣甲虫饰品……在其他地方还有埃及吉萨(Giza)狮身人面像的印刷品。在一个书架上,有一件石棺的浅浮雕复制品,他的女儿安娜告诉我们这是关于帕特洛克罗斯之死的,书架的两边分别是一只中国陶制骆驼和一匹波斯马雕塑。在他的办公桌上,摆放着大约 20 个小雕像,这些雕像来自埃及(包括一个埃及"阿蒙-瑞"神)、希腊、罗马、中国。最后,在一张矮桌上,放着各种瓶瓶罐罐和小雕像,其中包括一位中国圣人的小雕像,根据宝拉的说法,他每天早上上班前都向这位圣人致意。

在这个小型博物馆的一个角落里,放着一张沙发,沙发上方是布鲁耶的一幅画:《沙尔科医生的临床课》。我们谈到这个装饰时,难免会惊讶地想起,除此以外的绝大部分装饰都是随葬用品,只有少数是能追溯到文艺复兴时期以后的艺术品。而且，考虑到弗洛伊德相对有限的财富，这些装饰品的整体质量和数量也让人惊讶。

在维也纳居住期间，这些藏品不断增加，有的是旅行中添置的，有的是商家到家里来兜售的，还有的是朋友赠送的。弗洛伊德存放这些古董，不顾虑科学的标准，它们的排序主要依靠的是弗洛伊德的品味，以及它们在他的幻想生活中扮演的角色。所有这些作品在流亡期间都被带到伦敦。

弗洛伊德在诊所和住家之间开了一扇门，以便让他在接待下一位患者之前能回家放松。家里的环境由弗洛伊德和玛莎一起创造，他们的品味非常古典。他们按照当时的时尚，用五颜六色的波斯地毯装饰墙壁和地板。

在与弗利斯的通信中，弗洛伊德很关心家人的健康和物质生活，也同样关注孩子的成长，对他们的俏皮话或恶作剧很感兴趣。像所有富裕的维也纳人一样，弗洛伊德会在炎热的夏天把家人送到乡下，和他们一起避暑。1899年夏天，他们在巴伐利亚的贝希特斯加登度假，那里离国王湖不远。"这所房子干净得像宝石一样熠熠生光，环境清幽，景色非常美丽。妻子和孩子们都很喜欢，看起来很开心。小安娜变得非常调皮。男孩们已经是文明人了，懂得欣赏一切。小马丁是一个有趣的孩子，脑子里充满了种种想法，喜欢把自己关在想象和幽默的宇宙里，和他相处很快乐。"

1900年，由于缺乏资金，他们在贝尔维尤度假，这是一个树木茂密的高地，俯瞰着维也纳。同年9月，意外的进账使弗洛伊德得以到奥地利的克恩滕州和意大利游玩一段时间，在那里他与他的妹妹罗莎和最小的弟弟亚历山大团聚。5年前他初次涉足意大利，就是和亚历山大一起。

弗洛伊德是一个好父亲，他对孩子们的教育非常尽心。"对这个小女孩（玛蒂尔德）来说，这是一种折磨，她看起来那么狂野，不知道兴奋起来会做什么蠢事。为了免于服从，我们对她提出的所有建议，她的原则都是'不'。再加上保姆（我很快就要辞退她）对她的教育很糟糕，玛莎又因为软弱，即使老妇人出言不逊她也不敢批评。希望我们的小家伙能摆脱这些影响，找回属于女孩的行为。"

这就是弗洛伊德1900年的日常生活环境。他的生活方式与一个维也

前院

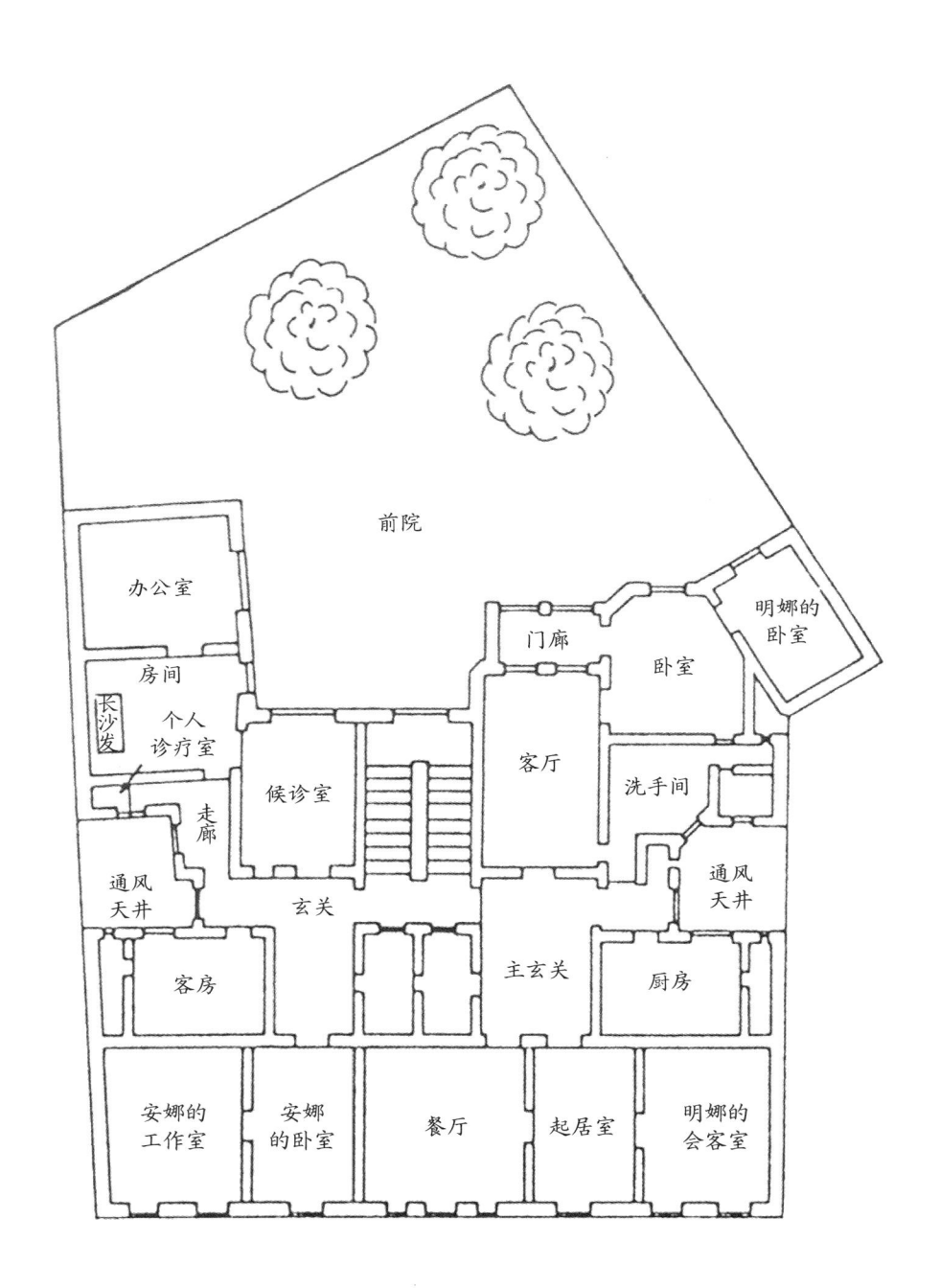

办公室
房间
个人诊疗室
长沙发
候诊室
走廊
通风天井
玄关
客房
门廊
卧室
客厅
洗手间
明娜的卧室
通风天井
主玄关
厨房
安娜的工作室
安娜的卧室
餐厅
起居室
明娜的会客室

纳的富人没有什么区别，除了他的客户资源会时有波动——这是他不变的担忧。

（以上内容来自：玛丽-路易丝·泰斯特努瓦尔的《1900年的弗洛伊德与维也纳》，发表于《评论》1975年8月—9月第229~340期。）

饮食趣味

在弗洛伊德的家中，从来没有花椰菜的味道。因为屋主人不喜欢这种蔬菜，就好像他不喜欢家禽、自行车或雨伞一样！让他食指大动的是阳光的产物：洋蓟、芦笋和玉米。当然，还有蘑菇。

在战争时期，最值得关心的问题之一就是如何获得食物。他在1918年3月22日写给亚伯拉罕的信中说："正如你所看到的，我几乎写不了字了。也许我一直以来的食肉习惯也是造成这个状况的一个原因。"1918年5月29日的另一封信中，弗洛伊德对这种情况做出了总结："我以前从未告诉过你们，近一年来，我们的生活有一个特点：我们被客户和追随者供养着，简直就像一个史前时代的医生家庭。我是他们的朋友，我们因为他们的施舍，过着体面的生活。雪茄、面粉、油、培根等东西，他们要么作为礼物送给我们，要么以非常低的价格卖给我们，这些供养者主要是我们的匈牙利朋友，以费伦齐和艾丁根为首，还有布达佩斯的一些支持精神分析的家庭。在本地，我也发现了这种担任供养者的门徒。"

1919年4月，情况并没有好转，弗洛伊德向他在曼彻斯特的侄子塞缪尔求助："我们的生活食物很少。（几天前的第一顿鲱鱼已经是节日大餐！）没有肉，面包不够，没有牛奶、土豆和非常昂贵的鸡蛋……我们最需要的食物：油、咸牛肉、可可粉、茶叶、英式蛋糕。"

幸而灌木丛为他们提供了一些野生浆果，弗洛伊德喜欢在那里采摘覆盆子、蓝莓、黑莓和他认为美国没有的野生草莓。在他1909年的美国之行中，他的肠胃病复发，但他把这归咎于美国的食物。他轻蔑地表达了不满："一个连草莓都没有的国家！"

虽然弗洛伊德本人可能从未主动参与过家庭采购，但他一生中至少有一

1929年的合照，
从左至右：明娜·伯奈斯、玛莎、西格蒙德·弗洛伊德。

次去过杂货店。这是他们家在巴特奥塞或是贝希特斯加登度假的时候发生的。（马丁讲述了这个故事，但他也不确定是在哪里。）

因为度假地区发生了洪水、他们的住处成了一个孤岛，粮食也开始短缺。于是，弗洛伊德穿上灯笼短裤和一双结实的鞋，背上他最大的阿尔卑斯登山包，下山去寻找一些未受影响的村庄，在那里寻找补给品。晚上，他满载而归，像个英雄一样受到孩子们的热烈欢迎，他们都看上了最顶上巨大的意大利香肠。

虽然弗洛伊德喜欢美食，但他很少喝酒。不过，他在一封写给弗利斯的信中透露，1899年的时候，他的一个朋友给他寄了一箱马尔萨拉酒，他心甘情愿地陶醉其中。后来,奥斯卡·里也给他送过圣诞佳酿,费伦齐也给他送过几瓶来自匈牙利皇家酒窖的托卡伊酒。很久以前在巴黎,弗洛伊德在沙尔科的餐桌上领略了法国葡萄酒的种种不同的风味。之后,他在意大利度假时发现了当地的一些宜人的葡萄酒,并很乐意在远离他维也纳办公室的地方品尝它们。他成了一个敏锐的鉴赏家,所以有一天,当他在蒂沃利的阳光下品尝一小杯意大利葡萄酒时,他抱怨说闻起来像高锰酸钾!

不过,到了1923年,他上颚的癌症迫使他戴上他称之为"怪物"的支架。从那以后,他再也不能重拾从前的饮食趣味了。

(以上内容来自:莉迪娅·弗莱姆的《弗洛伊德和他的病人》)

弗洛伊德与沙尔科

1973 年 7 月，在巴黎举行的第 28 届国际精神分析大会开幕式上，J.-B. 庞塔利斯在论文中专门描述了弗洛伊德在巴黎的生活。

在巴黎的生活里，不只有歇斯底里症的病人和他们因为记忆遭受的痛苦……

1885 年 10 月的一个早晨，弗洛伊德抵达巴黎。他住在一个小旅馆里，在离先贤祠和索邦大学同等距离的地方，他将在这里居住 5 个月。他很穷，靠奖学金过活。尽管那个时代的传闻往往把巴黎和艳遇联系在一起，他仍然洁身自好。同时，他还离群索居，在一个语言不通的城市里散步，那里的习俗和人群常常使他感到困惑。他有时会到圣母院的塔顶消磨很长一段时间。有时，和他偶然找到的一位俄罗斯医生朋友一起去剧院：啊，莎拉·伯恩哈特的声音！他还参观了卢浮宫的古董室：啊，小雕像！他给未婚妻写长信，时而忧郁，时而兴高采烈。

他来这里是为了什么？为了寻找新事物、新见解。他想——我引用他的话——"学习新事物"，他说他不再指望日耳曼系统的那些大学了。这位 29 岁的神经科医生，最近才被任命为私人医生，现在为了寻找自己的职业中仍未被发现，但能感觉到的东西，独自一人来到巴黎，就像奔赴一场约会一样。

他知道该向谁求助：沙尔科。他就是来找他的。

这两个人当时的境况天差地别！1885 年，沙尔科正处于他事业的辉煌顶峰，这种荣耀对应着这个人的医学地位，是我们今天很难想象的。沙尔科在所有领域体现并施展这种权威。在知识的领域，他渊博、精确，又有创新精神……

当时世界上刚刚为他设立了第一个神经疾病临床讲座。他不仅仅是老师，对于他的学生来说，他还像一个法师，他的"法术"使他们深深着迷，使他们满怀热情地为他建造他的城堡。而对他照顾的病人来说，他是魔法师和动物学家的化身，他们仿佛成了他的收藏品，在他手下被按照种类、时期分门别类，被拍摄或录下动作和姿势，制成绘画，作为他的理想模型（从"最严重的歇斯底里"到"症状不全"）的派生品。催眠术提供的可能性——通过暗示来重建这样那样的麻痹、这样那样的歇斯底里——加强了他对古怪的精神错乱以及对着魔般的神经官能症的把握。"一个人做过的事，总是可以被撤销。"他在谈到催眠暗示时说。他证明了幻想是无所不能的。最后，在这位大师的课上，涌入了各色各样的大量听众，他们全都目瞪口呆地观看他的表演。

因为妻子的原因，沙尔科很富有。他住在圣日耳曼大道上的一家旅馆里，这家旅馆是私人的，甚至在装潢上也独一无二。他常常在家举办招待会，还担任世界知名人物的顾问医生。他索要的费用之高，举世皆知。

令人惊讶的是，沙尔科的恺撒主义（这个词来自雷翁·都德的小说《庸医》）、他对表演的品味、他的大师权威，以及由此产生的公众对他观点的轻信（这在医学界已经引起了一些保留意见），并没有给弗洛伊德留下深刻印象。相反，他对此并不在乎，他强调沙尔科的谦虚、真诚和对他人意见的尊重。多年后，在精神分析运动的历史上，他的感激之情依然不变，在他的自传中，提及沙尔科，他的语气和他在1895年写的讣告并无不同。

有人说弗洛伊德把沙尔科理想化了，这种理想化是为了摆脱他以前崇拜的布吕克和梅纳特的影子。还有人认为，他只是在回忆里美化了他在巴黎的经历，以便更好地把维也纳视为"错误的目标"，甚至不惜以牺牲事实真相为代价。他对沙尔科的矛盾态度是显而易见的：弗洛伊德给他的长子起名为让－马丁（与沙尔科同名），但他翻译沙尔科的《讲义》时，在没有通知他的情况下附上了一些评论，而且常常是不客气的批评。

他与"沙尔科大师"的关系是以恋母情结为基础的，因此具有丰富的冲突意义，这是无可争辩的。

…………

大家都同意，弗洛伊德在萨尔佩特里埃的逗留是一个转折点。这一事件确实是决定性的：弗洛伊德从神经病学转向了精神病理学，但要定义其决定因素往往更为冒昧。

…………

当然，我们马上可以确定他收获的理论支持：把歇斯底里症从包罗万象的"神经疾病"中分离出来；证明男性歇斯底里症的存在是常有的，从而将歇斯底里症从传统的"子宫"病因学中解放出来；建立了创伤性歇斯底里症的概念；发现创伤和自然状态结合的症状，发作时接近于布鲁尔的催眠状态；等等。

但巴黎对弗洛伊德的影响，最重要的并不是知识结构的改变，也不是他和沙尔科之间的关系，因为他们这段关系称得上"君子之交淡如水"。我认为关键其实在于：对弗洛伊德来说，一个新的"空间"对他打开了。开篇是平淡的，因为这个"空间"不在沙尔科身上，相反，是沙尔科的排斥勾勒出了它的轮廓。正是在这种排斥中，存在着"科学"的医学和歇斯底里症状之间暗地里的相生相克。

我特意用了"空间"这个词。这个词在沙尔科的项目中无处不在，在不同的语境中都有出现。

首先，是医院的空间。1862年，沙

萨尔佩特里埃的沙尔科教授。

尔科被任命为萨尔佩特里埃的医生，该医院收容有5000名患者。他和他的朋友维尔皮安在医院的各个病房里巡视，他做了数百次观察，写下了这些令人震惊的笔记："通过观察大量样本，我们可以总结出不同的临床类型，因为样本数量大，随着时间的推移，某些类别中的空白也可以被填补。换句话说，我们面对的是一个活生生的疾病博物馆，里面的资源相当可观。"

可以说，这是一个几乎取之不尽，用之不竭的充裕空间，由医生来划分领域。最初的萨尔佩特里埃——根据米歇尔·福柯的说法，可以称之为"大禁闭"——就根据对临床体征的检查、疾病的分类，将各个病例划分到不同的部门。沙尔科接管的是"轻型癫痫病房"，在那里，既有癫痫发作，也有歇斯底里发作的病例，这样含糊的分类无疑对理论研究和病人的治疗都有害无利。因此，沙尔科整天和病人们在一起，去了解他们，有时试图识别他们的表现，但常常误解。事实上，他的病人被他敏锐的目光和个人魅力征服了，弗洛伊德也亲口说过，沙尔科（他是一位出色的漫画家和伟大的艺术爱好者）并没有意识到，他也被病人们对自己欲望的表演征服了。对歇斯底里的表现欲可不是什么小事，尤其是当他们一无所求的时候！

让我们来看看皮埃尔·安德烈·布鲁耶1887年创作的名画：《沙尔科医生的临床课》吧。在大厅的一边是助手们（弗洛伊德不在其中），另一边是沙尔科和巴宾斯基（他后来推翻了这位大师的理论），他们中间是被戏称为"歇斯底里女王"的病人。在这幅画的左上角挂着一幅图画，它描绘了处于最严重的歇斯底里危机（即"扭曲时期"）的病人，病人的身体扭曲为一个圆弧。

这幅画"计算"得很好：所有人物的排布呈现为完美的圆弧形，透过高高的窗户投射出来的光线则起到聚光灯的作用。谁是主角？是谁在主持大局？是这位秃顶的大师，还是这位"歇斯底里女王"？她虚弱无力，裸露着肩膀，只要这两位先生在场，她就准备重现那幅画上的一幕！如果情况失控，可以选择使用"卵巢压迫器"。毕竟，这位教授知道如何沉默地承认自己的知识所无能为力的事："它总是，总是，事关生殖器。"而卵巢压迫器，这个实实在在的释放装置，可以让情况恢复如常。至少在一段时间内，可以压制住四处游荡、肆虐的欲望。

"空间"的首要地位也在发挥作用，这是显而易见的。19世纪下半叶，临床解剖方法和脑区定位学说都取得了成功，而沙尔科就是自发地尝试将其应用到神经学研究中的大师之一。这些方法和理论引出了歇斯底里原区的定位，揭示了性兴奋区，也就是歇斯底里症患者身体的唤起区域。对这些区域的了解是很有必要的，它们是治疗性欲反常者的指导手册。（腹部、背部，都一一编码了！）

1876年的《萨尔佩特里埃影像集》中，还收录了很多照片，展示出歇斯底里症的不同阶段和反应，有几个标题描述非常贴切：狂喜、折磨、恳求、恋慕、呼唤、威胁、嘲弄。这些照片排列在一起，为我们呈现出歇斯底里症患者身体"空间"的两个可以感知的侧面：身体的表面，以及通过召唤的手势表现出的那个凝视的他者。

最大的缺席者是心灵的"空间"。弗洛伊德将不得不走很长的路，这条路上有障碍，还有陷阱，它们构成并区分了这个空间。在转换（空间隐喻）的过程中，他必须认识到，歇斯底里症的实际形式不是像人们认为的那样，而是有着内里的机制、模式的，无论是否表现出躯体症状，它都存在。这意味着在处理歇斯底里症的方法上发生了一种转变：病症的触发点将不再直接在身体的各个部位中寻找，也不是在固定的姿态、手势中寻找，而是在幻想自身的时空规律中寻找，在变化莫测的、层层的伪装和掩盖中把它识别出来。最后，弗洛伊德还必须同时构建人的心理机制学说，并建立分析性情境。这些可能会被批评为一种强迫性的行为，或者是用理论来抑制恐惧，但肯定不是对歇斯底里症的挑衅。在沙尔科心理咨询课堂的视觉冲击和弗洛伊德书房无形无色的暗涌之间，在热闹与冷清之间，形成了一种破裂，这种破裂不可挽回。

（以上内容来自：J.–B. 庞塔利斯的《在梦想与痛苦之间》）

狼人之梦

朵拉、小汉斯、施雷伯大法官、狼人、鼠人……弗洛伊德凭借作家的天赋，为我们呈现出一个个精神分析文学人物，对比小说中的伟大角色，他们栩栩如生又让人同情。1919年出版的《狼人》一书，主要写的是患者四岁时做的梦，这对弗洛伊德来说是一个挑战：这本书的目的是强调童年时期的性创伤在神经症中的作用，后来荣格和阿德勒驳斥了这一说法。

这个包含了民间传说故事的梦，我已经在别的地方讲述过，在这里，我首先重复一下当时的讲述：

> 我梦见在晚上，我躺在床上（我的床脚靠着窗户，窗前有一排老核桃树。我记得这个梦是一个冬天的晚上做的）。突然，窗户自

己打开了,我非常激动地看到,窗外的大核桃树上坐着六七只狼,都是白色的,看起来更像狐狸或牧羊犬,因为它们都有像狐狸一样的大尾巴,当它们在找什么东西时,耳朵就会像狗一样尖尖地竖起。突然,我感到一阵剧痛,显然我是被狼吃掉了。我吓得大叫一声,醒了过来。保姆听见后,连忙跑到我的床头,想看看我发生了什么事。缓了很长一段时间,我才相信这只是一个梦,那个窗户敞开着,很多狼坐在树上的画面,就好像真实发生一样自然而清晰。最后,我终于平静了下来,觉得自己已经从危险中解脱出来了,重新进入了梦乡。

梦中唯一有动态变化的就是那扇突然打开的窗户,那些狼安安静静地坐在树干周围的树枝上,一动也不动地看着我。他们似乎把所有的注意力都集中在我身上了。这是我的第一个痛苦的梦境。那时我三四岁,最多五岁。从那时起,直到我十一二岁,我都一直害怕在梦中看到一些可怕的东西。

之后,他给出一幅绘画,画的就是狼坐在树上的画面,以帮助描述他的梦境。分析这个梦时有一些发现:他总是把这个梦和他的童年记忆联系在一起,在记忆里,当他在故事书中看到一只狼的形象时,常常会感到一种难以理解的痛苦。他有个很爱他的姐姐,经常借故把狼的图画放在他面前来逗他,让他害怕地尖叫。在这幅图画中,狼笔直地站着,伸出一只爪子,竖起耳朵。他回忆时确信这幅让他尖叫起来的画是"小红帽"故事的一个插图。

为什么梦里的狼是白色的?他想起了在庄园附近饲养一大群羊的情景。父亲有时带他去看这些羊,每次他都感到非常自豪和高兴。后来(根据收集的信息,可能比做这个梦的时间稍早),在羊群中暴发了一场流行病。父亲请来了巴斯德的学生给这些动物接种疫苗,但接种疫苗后,死掉的羊甚至比以前更多。

狼又是怎么到树上的?在这方面,他想到了一个他从祖父那里听到的故事。他记不清是在做这个梦之前还是之后听到的了,但根据他的描述,极有可能是做梦之前。

故事是这样的:有一个裁缝在房间里工作,突然窗户打开了,一只狼跳了进来,裁缝想用他的尺子打它。患者讲述这个故事时又纠正说,应该是抓住它的尾巴,把尾巴扯了下来,狼受了伤,吓跑了。不久后,裁缝走进森林的时候,突然看到一群狼向他走来,他爬到一棵树上躲避它们。狼群起初很困惑,但狼群里有一只没了尾巴的狼想向裁缝报仇,提议说它们可以一只骑到另一只的背上,叠罗汉般爬到树上的裁缝那里。这只狼是一只力大无比的老狼,它在最底下支撑着其他狼。这些狼都遵循了他的建议,但裁缝认出了那只被他扯断尾巴的狼,于是像之前那样喊道:"抓住那只灰狼的尾巴!"结果,那只被扯断尾巴的狼被可怕的记忆吓跑了,其他狼都滚了下来。

在这个故事中,我们发现了在他梦里那些狼坐的那棵树。另一方面,故事的内容明确地与阉割情结联系在一起。老狼被裁缝扯断了尾巴,于是梦中的狼长着狐狸的大尾巴,这无疑是对没有尾巴的补偿。

为什么是六七只狼?这个问题似乎没有答案,直到我开始怀疑让他痛苦的形象是否与"小红帽"的故事有关。但这个故事只有两幅插图,一个是小红帽在森林里遇到狼的场景,另一个是狼戴着祖母的帽子躺在床上的场景。因此,

一定有另一个故事提供了这种形象的记忆。没过多久,他就发现这只能是"狼与七只小羊"的故事。这个故事里有数字7,但也有6,因为狼只吃了6只小羊,第7只藏在钟盒里逃过一劫。"白色"也出现在这个故事中,因为狼第一次去小羊家,小羊认出了它黑色的爪子,于是它在面包师那里把爪子糊成了白色。这两个故事有很多共同点,都有吞食、破腹,取出被吃掉的人或羊,然后以石头替代这些情节,而且在最后,邪恶的狼都同样地屈服了。在小羊的那个故事里,那棵树也出现了,就在狼吃饱后在树下打盹那里。

因为某种特殊情况,我会在别处再次讨论这个梦,到时候再做进一步的解释和考量。事实上,这是他童年第一个痛苦的梦,梦里的内容与随后不久的其他梦以及做梦者童年发生的某些事件都有着关联,显示出了特别的意义。在这里,我们仅仅讨论这个梦和两个有很多共同点的故事("小红帽"和"狼与七只小羊")的关系。这些梦给童年时期的做梦者留下的印象,表现为一种动物恐惧症,这种恐惧症与其他类似的恐惧症案例不同的地方在于,这些症状里让患者痛苦的动物不是随处可见的(不是马或狗这种常见动物),而只是通过叙述和图画书才为人所知。

我将在另一个场合阐述动物恐惧症的这种解释及意义。我很高兴地注意到,这种解释很好地预判了做梦者的神经官能症在以后的生活中所表现出来的主要特征。父亲引发的焦虑是他生病的最强烈的原因,对父亲的所有替身都怀有的矛盾态度支配了他的生活,也支配了他在治疗中的行为。

如果狼对我的患者而言只是父亲的一种替身,那么问题就出现了,狼吞噬小羊的故事和小红帽的故事所蕴含的,除了在父亲面前幼童般的恐惧,是否还有其他秘密内容?我患者的父亲在与孩子相处时表现出"温柔责骂"的态度,像"我要把你吞掉"这种笑着威胁的话,早在他小时候就不止一次地说过了,那时他的父亲还有着和还是小男孩的他一起玩耍和拥抱的习惯,后来就变得严厉起来。

现在让我们抛开这篇文章中关于梦未来发展的内容,回到梦的即时解释。我要指出,这种解释提出了一个问题,这个问题需要几年时间才能解决。患者很早就给我描述了这个梦,很早就接受了我的理念,即他的神经官能症的

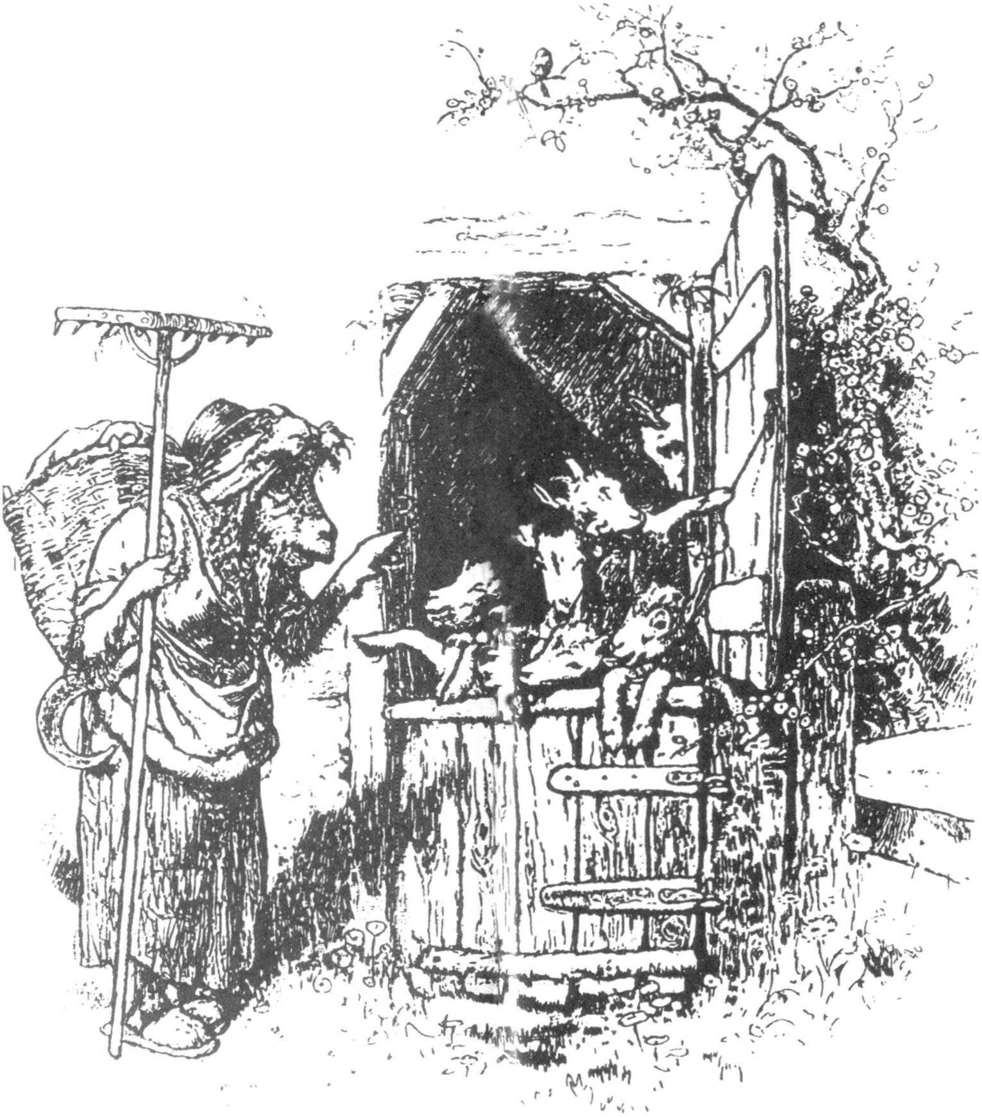

起因隐藏在他的童年时期。在治疗过程中，我们经常回到梦中，但只有在治疗的最后几个月才有可能完全理解它，这实际上还要归功于患者自发的努力。他总是指出，梦中有两个因素给他留下了最深刻的印象：第一，狼群完全一动不动；第二，它们全神贯注地注视着他。他还认为，这个梦产生的挥之不去的强烈真实感也值得思索。

我们从最后一点开始思考。我们从分析梦的经验中知道，这种真实感往往具有明确的意义，并证实了潜藏在梦中的某些东西在记忆中是真实存在的，梦指的是一个实际发生的事件，而不仅仅是幻想。当然，它真实的存在往往是未知的。例如祖父确实讲过裁缝和狼的故事，或者他的确听说过小红帽和七只小羊的故事，但这些听来的故事永远不会呈现出一种超越梦境的真实感。梦似乎暗示了一个事件，并强调了它的真实性，与这些虚构的故事正相反。

如果必须在梦的内容背后假设存在一个未知的场景，而这个场景在做梦的时候已经被遗忘了，那么它只能在很早的时候发生。做梦者先前说：当我做这个梦的时候，我才三四岁，最多五岁。可以这样说，在梦的引导下，我们甚至可以回忆起一些更早时候发生的事情。

梦境的主要内涵当然是做梦者从梦的浅层内容中捕捉到的元素，例如狼一动不动，全神贯注地注视着他。当然，我们希望这种东西呈现为某种形式的变形，甚至是对立关系的变形，通过这种变形再现出场景中那些未被我们发现的因素。

从对患者的第一次分析所提供的原始材料中，我们也可以得出几个结论，这些结论必须放在适当的背景中理解。他提到的养羊的记忆，有必要在对他的性研究中寻找证据，解释他与父亲一起探望羊时产生的兴趣，这个回忆中还有死亡焦虑的迹象，因为他提到大多数羊都死于流行病。那个梦是最突出的，"树上的狼"直接引出了祖父的故事，但这和其他人有很少关系，他做这个梦只是因为它与阉割主题相关，这使他着迷。

从对梦的第一次不完整的分析中，我们进一步得出结论，狼是父亲的替身，所以第一个梦的痛苦是在父亲面前出现的，从此以后，父亲将主宰他的生活。事实上，这个结论本身并没有蒙蔽我们的双眼。如果我们把对做梦者提供的材料的初步分析结果收集在一起，可以发现或多或少有以下碎片可供重建：

一个真实的事件；从很早的时期开始；注视；一动不动；性问题；阉割；父亲；一些吓人的事。

（以上内容来自：弗洛伊德的《弗洛伊德五大心理治疗案例》）

移情

1912 年，弗洛伊德写下了这句话："对分析师的移情只有在它是由被压抑的情欲元素引起的负转移或正转移时，才起到抵抗的作用。" 3 年后，他又补充道："在移情中表现出来的爱，难道不配称为真爱吗？"美国诗人 H.D. 在 1932 年造访弗洛伊德，从她的叙述中可以看出这种移情的一些痕迹。

亲爱的夫人：

我们可以从 3 月 1 日开始诊疗吗？如果你提早一天到达，请给我打电话，接线人会告诉你我们第一次会面的时间。女王酒店很好，那里的人都认识我。我希望这个安排不会因为目前在这里盛行的流感而取消。愉快地期待中。

你的
弗洛伊德
1933 年 2 月 4 日于维也纳九区，博格街

《降临》

H.D. 很久以前就想和弗洛伊德会面，她自 1911 年以来一直住在伦敦，与埃兹拉·庞德和 D.H. 劳伦斯关系密切。她几次治疗尝试都以失败告终，似乎只有求助于弗洛伊德本人的分析才能给她追寻自我的旅程带来意义。在维也纳的几个月里，她写了两篇文章。第一篇是《降临》，是他们会面的逐日记录。第二篇《写在墙上》写于 10 年前，是对这段记忆的回溯。

1933 年 3 月 2 日

西格蒙德·弗洛伊德就像一个博物馆馆长，围绕在希腊、埃及和中国的无价收藏品中间；他能起死回生；他就像 D.H. 劳伦斯，年老且成熟，具有敏锐的洞察力。他的手敏感细腻，他是灵魂的助产士。他自己就是灵魂。和这个人会面，我就好像被斯芬克斯和阿特洛波斯①的智慧迎头痛击；他不是斯芬克斯，而是斯芬克斯－阿特洛波斯，斯芬克斯的头骨。

怪不得我这么害怕。我让死神从窗户进来了。如果我不能让我的智力，那像冰一样脆弱的玻璃，保护我的灵魂，捍卫我的情感，我就会让死神进来。

但也许他会从他的洞穴里取出一个珍贵的、无名的瓶子，里面装着一剂灵药，也许我会得到这个秘密，成为一个拥有生死力量的女祭司。

他拍松我坐着的坐垫，还有我躺着的旧沙发上的头枕。他的松狮犬，尤菲，坐在他的脚边。我们形成一个古老的循环：圣人，女人和母狮（他就是这样称呼他的狗的）。

他是犹太人，像最后一位先知一样，他将中止《利未记》的旧律法（用石头砸死流浪者，对不法之徒施加不可想象的惩罚）。维多利亚时代的旧法律很严厉，哈夫洛克·埃利斯②和西格蒙德·弗洛伊德为我们这一代人调整了它。

…………

弗洛伊德把我带到另一个房间，给我看他桌子上的东西。他把饰有蛇的毗湿奴象牙雕像放在我手中。然后他在靠近圆的边缘的位置挑出一个很小的雅典娜像，说："这是我的最爱。"毗湿奴被摆放在桌子的中央，小雕像围绕着它形成一个圆。圆的后方有一幅教授在工作室的照片。他还打开一个靠墙的橱窗，向我展示了里面各种古老的戒指。

我们谈到了费用问题。"别担心，"他说，"这是我的事。"后来他又说：

---

① 命运三女神之一，负责切断生命线，掌管死亡。
② 亨利·哈夫洛克·埃利斯（Henry Havelock Ellis，1859—1939），英国性学家，为精神分析的传播做出了贡献。——作者注

大约是1936年,弗洛伊德和他的松狮犬尤菲在办公室的照片。

"我希望你感到自在。"他还暗示,我的声音有点"微妙",似乎有某种危险,"毕竟,我已经77岁了。"

3月4日

我很冷,进展困难。我继续谈论古斯塔夫·多雷的画作《所罗门的审判》。我告诉他我素未谋面的两个姐妹的坟墓。其中一个是同父异母的姐妹,她和我的两个同父异母的成年兄弟埃里克和阿尔弗雷德,以及他们的母亲在同一个家庭中生活。我们接着谈论关于百合花的幻想。他断言,那位老人显然就是上帝。

资料与文献　137

百合花是天使报喜的那种。我告诉他，是毗湿奴的象牙雕像促使我讲这个故事的。他问我第一次接触宗教的情况。我告诉他，他们没有很严格，因为我们不经常受到惩罚。不过我们仍然记得对惩罚的预感带来的可怕压力，这种压力让我觉得圣经故事描述的地狱似乎是一个真实的地方。但我没有提到这一点。我接着给他讲了我们圣诞蜡烛的故事。"一种气氛。"他说，"没有比点燃的蜡烛更有象征意义的了。你说你记得平安夜时你祖父的礼拜仪式，你记得女孩和男孩都有蜡烛吗？"我觉得这个问题很奇怪。

西格蒙德·弗洛伊德从沙发后面的扶手椅上站起来，走到我跟前。"如果我们给每个孩子一支点燃的蜡烛，"他说，"就像你说的，在平安夜你祖父在礼拜仪式上做的那样，那么，我们就不会再有任何问题了……这正是所有宗教的真正中心。"

…………

《写在墙上》

这件事发生在1933年到1934年间的维也纳。我在自由广场的女王酒店租了一个房间。我的桌子上放着一个小日历，在上面画掉过去的日子，计算着时间。光阴似箭，我的疗程快结束了。当我把钥匙放在旅馆接待处时，门卫对我说："有一天，你能让我回忆起教授吗？"我回答说，如果有机会，我会的。他又说："哦，是的，还有教授的妻子！她是一位了不起的女士。"我回答说，我没有见过教授的妻子，但我听说她是他完美的妻子，没有比这更好的赞美了。门卫问："你知道博格街吗？嗯，在……我是说，当有一天教授不在的时候，人们会把这条街叫作弗洛伊德街的。"我走下马车，走进熟悉的入口。那是维也纳九区博格街19号。上面有栏杆，有宽阔的石阶，时不时会有人向我迎面走来，擦身而过。

石梯蜿蜒上升，楼梯口有两扇门。右边的门是诊所入口，左边的门是弗洛伊德的家。这样的布置是为了不让大家混淆家庭区域和患者、学生出入的区域。他们是一个大家庭，有家族分支，有公婆那边的成员，有远亲，有朋友。楼上还有其他的公寓，但我很少在楼梯上遇到其他人，除了一个刚结束疗程准备离开的患者。

我的诊疗时间是一周四天,从下午 5 点到 6 点。只有一天是从中午到凌晨 1 点。无论如何,这些都是我们为第二轮诊疗商定的安排,第二轮诊疗是在 1934 年 10 月底开始的。

(以上内容来自:H. D. 的《弗洛伊德的面貌》,德诺埃尔,1977)

书房以外：弗洛伊德及其时代

我们很容易会想象弗洛伊德躲在雪茄的烟雾背后，永远安静地坐在他那些古老雕像中间，坐在他的扶手椅上，沉浸在阅读之中，但这其实是一个错误。他与他同时代最杰出、最著名的人物保持着密切的关系。一些书信和资料可以证明这些人际交往在他生活中的重要地位。

斯蒂芬·茨威格

斯特芬·茨威格（1881—1942），以敏锐的心理分析而闻名，他非常善于设身处地地理解人物，他写的关于弗洛伊德的文章是当时已知的最有洞察力的文章之一：他知道并理解这个人的勇气和孤独。斯特芬·茨威格在他关于弗洛伊德的文章中，引用了尼采的一句格言："一个人能承受多少真理，敢于面对多少真相？对我来说，这越来越成为衡量价值的真正尺度。"

也是时候注意到了，弗洛伊德现在已经75岁了，在很长一段时间里，他的工作和价值不再建立在每年借助精神分析可以治愈几百个患者这些次要细节上，也不再建立在他的每一个理论和假设的正确性上。

…………

这位离经叛道者，最终会不会将那无情的分析技术从个人灵魂转移到集体灵魂的应用上？他岂不是要用他的锤子打破国家道德的根基，打破好不容易凝聚起来的集体情怀，把祖国的思想甚至宗教精神，用他极具腐蚀性的思想溶解个一干二净？事实上，在战争前夕，这奄奄一息的世界有着正确的本能：弗洛伊德无限的勇气、智者般的无畏支持他无止境地求索下去。他不顾反对和嫉妒、喧嚣和沉默，凭着工匠般坚定不移的耐心，不断地完善他的阿基米德蜗杆，直到能够转动世界的那一天。在生命的第70个年头里，他着手去做最后的工作，就是将他在个人身上实践过的方法应用于全人类，甚至是上帝。他依然有勇气一次又一次地继续前进，走向至高无上的虚无，走向恢宏的无限宇宙，在那里没有信仰，没有希望，没有梦想，甚至没有天堂，也没有对意义和人类目的的发问。

西格蒙德·弗洛伊德给了人类一个关于自我的更清晰的概念——一个独立个体的伟大作品，我说的是更清晰，而不是更令人愉快。他加深了整整一代人的世界观，我说的是加深，而不是美化。给出一个绝对的答案不会让人愉快，只会强加定论。科学的职责不是催生新的白日梦，用来抚慰人类永远不能成熟的心灵；它的使命是教人们在这个严酷的星球上直立而坚定地行走。西格蒙德·弗洛伊德在这项至关重要的任务中所起的作用堪称典范：在他从事的工作中，他的固执变成了力量，他的严厉变成了不屈不挠的法则。为了提供一点安慰，弗洛伊德从来没有向人类展示过任何一个便捷的出路，一个在地上或天上的避难所，他一直只展示那通往自我认识的道路，一条通往自我最深处的危险道路。他的远见卓识毫不留情，他的思维方式不能带来希望。但他像狂风一样锋利的思想，猛地扎进那令人窒息的氛围里，驱散了那些金色的雾、粉色的云，在清澈的地平线以外，出现了一个全新的视野，延伸到精神的国度。

多亏了弗洛伊德的努力，新的一代正以更敏锐、更自由、更真诚的眼光看待这个新时代。如果那种危险而隐蔽、在一个世纪以来一直纠缠着欧洲道德观的神经症，如今能被彻底抛弃；如果我们能学会不带羞耻感地审视我们生活的深处；如果"堕落"和"罪孽"这两个词会使我们惊恐战栗；如果法官知道人类本能的主导力量，不会武断地做出判决；如果教师能自然地承认自然的事实，家庭能坦率地承认坦率的事实；如果道德观念里能有更多的真诚，年轻人中能有更多的情谊；如果女性能更自由地接受自己的性别和欲望；如果我们能学会尊重每一个人的独特本质，并对我们的精神存在的奥秘有创造性的理解——如果发生了这些道德上的改变，我们和我们的新世界都必须首先感谢这个人，他有勇气面对真相，还有更大的勇气把这些知识施加于那个道德受阻还懦弱否认的时代。弗洛伊德著作中的许多细节可能是有争议的，但谁在乎细节呢？思想都会受到认可与反对，受到的痛恨往往不少于其激起的爱。一种思想的唯一决定性胜利，也是在今天仍然会让我们肃然起敬的唯一胜利，就是它是否融入生活之中。在我们这个缺乏公义的时代，没有什么比一个活生生的榜样更能重新燃起信仰，这个榜样向我们表明，一个人只要有勇气追求真理，就足以给整个宇宙带来更多真理。

（以上内容来自：斯蒂芬·茨威格的《西格蒙德·弗洛伊德》）

罗曼·罗兰

罗曼·罗兰，1915年诺贝尔奖得主，杰出的散文家和伟大的小说家，主要作品有《约翰·克利斯朵夫》，他是两次世界大战期间欧洲人文精神的领军人物之一，促成了法国和德国的和解。弗洛伊德试图让他不要在博爱原则上过于执着。

致罗曼·罗兰先生：

我将永远怀念能与你互相问好的快乐时光。因为你的名字会让我们想起那最珍贵的美丽幻想——向全人类宣扬爱的幻想。

事实上，我所属的那个种族，在中世纪被认为对所有让人们受苦的流行病负有责任，现在又被指责为奥地利帝国衰落和德国战争失败的罪魁祸首。经历过这种事的人，难免会有点寒心，几乎不会相信什么幻想了。除此以外，我还花费了一生中的大部分时间（我比你大10岁），努力去摧毁自己和人类的幻想。

但是，如果这种博爱的希望连一点点都不能实现；如果在进化的过程中，我们没有学会远离对我们同胞的破坏欲；如果我们继续因为细微的分歧而彼此仇恨，为了微不足道的利益而自相残杀；如果我们不断地利用在控制自然力量方面取得的巨大进步来相互毁灭，我们还能期待什么样的未来呢？我们的本性和强加给我们的文明的要求之间存在着冲突，在这种冲突中，我们已经很难确保我们物种的延续。

我的作品与你的不同，无法给读者慰藉。但如果你还有点兴趣，我将冒昧地寄给你一本你可能还不知道的小书：1921年出版的《集体心理学与自我分析》。我不认为这篇文章写得特别成功，但它指出了一条从个人分析到对理解社会的道路。

　　向你致以最诚挚的问候。

你的弗洛伊德
1923 年 3 月 4 日于维也纳九区，博格街 19 号

托马斯·曼

　　托马斯·曼，1929 年诺贝尔奖得主，他在一本大部头小说中展现了德国精神中启示性的不安。他在精神上对纳粹主义的抵抗（不得不如此），以及他对历史人物的心理洞悉，使他有幸与弗洛伊德对话。这封信是弗洛伊德在阅读了托马斯·曼刚刚出版的《约瑟和他的兄弟们》之后写给他的，在信中，他提出了一个假设，即拿破仑一世的一生都与这位伟大的圣经人物有着一种无意识的联系。

致托马斯·曼

亲爱的、尊敬的朋友：

　　你上次访问维也纳时给我留下的印象一直萦绕在我的脑海中。不久前，我读完了你的新书《约瑟和他的兄弟们》，不禁忧郁地想，现在，文学上的美好享受对我来说已经结束了，我可能再也读不下其他书了。

　　这段历史和你在会议上表达的关于生活和神话模型的观点结合了起来，共同对我造成了影响，使我发展出了一种构想。这种构想促使我想与你交谈，就好像你在我的办公室，坐在我对面一样，但我并不要求你做出礼貌回应，更不用说给出详细的评估。我自己没有很认真地对待这种构想上的尝试，但它驱使着我，就像以前那些车夫被人用鞭子抽打一样。

我很好奇历史上有没有这样一个人，把约瑟的一生作为自己的神话模型[1]，这样我们就可以猜测，隐藏在这个人复杂的传记背后的关于约瑟的幻想，如何秘密地起到驱动的作用。

我猜测，拿破仑一世就是这样的一个人。

1. 他是科西嘉人，是一个大家庭的次子。他的哥哥叫约瑟夫。在一个人的生活中，偶然和必然总是相互交织，这个细节恰好标志着他的命运。在所有的科西嘉家庭中，名分是具有神圣的权威的（我记得阿尔丰斯·都德曾经在《大亨》中描述过这一点，或者是我记错了？是另一本书还是巴尔扎克的作品？），受这种科西嘉传统的影响，正常的人际关系也会恶化。哥哥是天生的对手，作为弟弟，会对他怀有一种基本的敌意。这种敌意就像个无底深渊，日积月累，甚至能发展成谋杀的意图。消灭约瑟夫，取而代之，成为约瑟夫，这一定是拿破仑儿时最强大的动力。有一个很奇怪的现象，我们不完全能理解，但我们可以明确地观察到，这种儿时的动机后来会倾向于发展成相反的态度。怨恨的对手会变成喜爱的对象，拿破仑也是如此。我们推断，起初他非常憎恨约瑟夫，但后来我们知道，他爱约瑟夫胜过世上任何一个人，他几乎从来没有责备过这个毫无价值、毫无安全感的人。所以，原始的仇恨被过度补偿了，但曾经释放出来的古老侵略性，只是等待着转移到其他对象上。这个好战的小个子男人放过了他的第一个对手，作为补偿，数十万无辜百姓将成为替罪羊。

2. 在另一个层面上，年轻的拿破仑与他的母亲有着深深的感情，因为父亲早逝，他努力照顾他的兄弟姐妹，扮演父亲的角色。他刚当上将军不久，就有人建议他娶一个比他大，既有影响力又有

---

[1] 约瑟的故事记载在《圣经·创世记》，讲的是雅各偏爱小儿子约瑟，约瑟的哥哥们出于嫉妒，合谋把他卖到了埃及后，约瑟凭着出色的能力成为埃及的宰相，救助了遭遇饥荒的家人的故事。

地位的年轻寡妇。身边的人对此有很多反对的意见，但最终让他下定决心的很可能是她的名字——约瑟芬。通过这个名字，他可以把他对哥哥的一些温柔依恋转移到她身上。她不喜欢他，对他不好，欺骗他，但他这个常常对女人冷嘲热讽的暴君，却热情地依恋着她，原谅她的一切，从不责怪她。

3. 他对约瑟芬·德·博哈奈斯的爱受到她的名字的驱使，但这当然不是因为把自己当成了约瑟。他以约瑟作为自我认同主要表现在著名的埃及战役中。当你把自己当成约瑟，希望在兄弟眼中显得伟大，当然就要去埃及了。如果我们更仔细地研究一下这位年轻将军的政治动机，我们无疑会发现，这些动机只不过是把一种虚幻的想法粗暴地合理化而已。事实上，正是因为拿破仑发动的这场战役，人们才开始重新发掘古埃及。

4. 驱使拿破仑前往埃及的动机后来在欧洲实现了。他让他的兄弟当上了王子和国王。那个没用的杰罗姆，大概是他

最小的弟弟，也荣耀加身。之后，他开始不忠于他的神话，任由现实驱使着他，使他与他心爱的约瑟芬断绝了关系。从这个行为开始，他逐渐威风不再。伟大的毁灭者现在开始自我毁灭。俄国的战役很冒险，没有充足的准备，最终导致了他的垮台。这就像是他对约瑟芬不忠的自我惩罚，他的爱又回到了最初对约瑟夫的敌意。然而，再一次，命运没有按照他的意图发展，反而是再现了约瑟故事的另一部分。就在约瑟的梦中，太阳、月亮和星星都向他低头，结果，现实中的他被扔进了坑里。

…………

我女儿提醒我，你在这里给我们读你的文章时，我已经向你解释过人内心的恶魔了。当然，她说得对。是我忘记了，读了你的书之后想起来了。现在我在想，我是应该把这篇文章留给自己，还是把它们寄给你呢？无论如何，我还是向你致歉。

问好。

你的弗洛伊德

1936 年 11 月 29 日于维也纳九区，博格街 19 号

露·安德烈亚斯－莎乐美

露·安德烈亚斯-莎乐美（1861—1937）正在弗洛伊德的欣赏与指导下从事精神分析。他们的交流是建立在友谊的基础上的。托马斯·曼认为，弗洛伊德对无意识的发现是在响应神秘主义倾向。在这封信中，露表达了她对这一观点的不认同，并告诉弗洛伊德她完全相信精神分析的基本理论。

亲爱的教授：

我早就想给你写信了，因为我内心非常关心托马斯·曼在我们新期刊的头条文章中对你的描述。你当然也读过这篇文章吧？虽然它有点过于冗长，充满了拐弯抹角，倒也不是毫无价值。令我烦恼的是里面有点颠倒黑白，至少在我看来是这样。他认为你天生是一

个深思熟虑的思考者，热衷于神秘主义和一切晦涩深奥的东西，他最钦佩的是，你坚决而公开地反对一切落后的东西，只致力于进步。他不知道，正如你自己曾经说过的，你最初的计划不仅与寻找"黑暗"大为不同，而且你经常操心的这类事情还常常带来灾难性的后果，没有什么比看到自己的作品吸纳了一批神秘主义者更让你厌恶的了。他也不知道，这种处境在精神分析理论的建立中具有多大的重要性，精神分析理论是由一个完全不志于此的人建立的，这个人不情愿地在深渊中挖掘真理，对这些发现的研究态度也更加谨慎和清醒，因为不想有任何的高估。对我来说，这是一个非常重要的开端。至于为什么在你之前的研究人员永远不会有这种科学态度，我有一种个人理解：因为对他们来说，这类研究在科学严谨的态度之先，就已不由自主地以一种过于机械的方式与他们的幻想与秘密欲望杂糅在一起。（这些东西也会诱惑我，这也是为什么我从一开始与你单独相处时就感到如此自在与安全。）

一个人把自己奉献给了一个不符合他个人愿望的目标，而他的天才却以前所未有的方式成功地实现了这个目标，通常来说，要做到这一点，必须将天才与性格结合起来，这是很少见的。不幸的是，这很难用语言来表达（至少对我来说是的，我总是用语言来战斗），但这确实是理解精神分析理论的核心条件：那是一种精神的终极释放，最有可能以一种"抵抗"的方式，在个人欲望与精神取向的矛盾中结束，否则，精神也许会在达到最终的发展之前被限制在个人的范畴里。

我想起了在许多反对意见之中，听到过一个有趣的：分析自己不应该是分析师的先决条件，因为在建立精神分析理论之前，建立者也没有进行自我分析。我们有义务回答：他是从他第一次自我分析中，建立了这套理论。正是他第一个向我们展现出人类精神活动中发生的状况，我们才能成为最简单意义上的"我们自己"。

…………

这封信在我的桌子上放了好一会儿。现在收到了安娜的便条，上面写着你的夏季地址，我马上会把这封信寄到那里去。我也马上会给安娜写信。她给了我一个好消息："爸爸在研究着什么……"

我最美好的回忆，无论何时何地，期待再一次与你见面。

你的露
1929 年 7 月 14 日于哥廷根

（以上内容来自：露·安德烈亚斯-莎乐美的《与西格蒙德·弗洛伊德的通信》）

卡尔·克劳斯

文学评论家兼记者卡尔·克劳斯于 1899 年创办了《火炬》(Die Fackel)杂志。他对那个时代的判断是如此尖刻，以至于他被戏称为"暴脾气"。弗洛伊德和精神分析也未能在他的冷嘲热讽中幸免。

在卢尔德，我们会感到治愈。但精神科医生要让人感到治愈，应该散发出什么魅力呢？

精神科医生相对于心理学家，就像占星家相对于天文学家一样。占星学因素一直在精神病学中起着作用。首先，我们的行动是由天体的位置决定的。然后，我们的本命星就在我们中间。然后出现了遗传理论。现在，我们的本命星在我们奶妈的怀里，这个婴儿的整个一生将取决于自己喜不喜欢这个奶妈。我们把发生的一切都归咎于童年的性印象。这个观点有好的一面，因为它打破了性只有在成人之后才开始的信念。但我们不能夸大其词。即使崇尚节制的时代已经一去不复返了，我们也不应该无拘无束地沉迷于性调查的乐趣中。"我的父亲，"葛罗斯特的私生子[①]讽刺地喊道，"在龙的尾巴下和我的母亲交配，我出生时北斗七星正在头顶上方，说明我必须残暴和放荡。"然而，依靠太阳、月亮和星星断定命运，总比依靠理性主义要好得多！

---

① 指莎士比亚悲剧《李尔王》中的埃德蒙。

古代科学否认成年人的性本能，新的科学则认为婴儿在便盆上就已经体验到性快感。旧的说法相对而言要更好，因为至少有人可以反驳它。

新的灵魂探索者们说，一切绝对都要回到性起源上。那么他们这种分析方法也可以理解为性的忏悔。

精神科医生为我们创造了很多病理学上的天才，我们应该用他的全集砸碎他们的头骨。人类代表们痛惜对豚鼠的活体解剖，也不反对将艺术品用于实验目的，所以他们也应被这样对待。所有那些试图证明不朽是一种妄想症的人，那些正常人类中的理性主义帮凶，那些认为作品不是出于思考和想象的人，无论我们在哪里抓住他们，都会踩破他们的脸。莎士比亚疯了？人类开始担心自己的健康，扑通跪地，恳求造物主不要赐予自己才华！

什么是神经症：如果一个人没有任何的缺失，那么最好的治疗方法就是告诉他他得了什么病。

现代精神科医生把病人提升到咨询师的级别。他获得了一种无意识的自满，这也许令人兴奋，但并不完全让人充满希望。他们不是把他赶出病房，而是鼓励他在病房里自我暴露。我们非但没有分散他对疾病的注意力，反而创造了一种亲密感，一种对症状的自豪感，在最

有利的情况下，这种自豪感使病人能够对他人进行心灵治疗，但这种治疗并没有带来更好的结果。简而言之，这种方法显然在把一个门外汉变成专家方面要比治愈病人更快。我们试图用自我观察来治疗疾病，这种方法却恰恰带来了疾病，而不是救治灵魂的血清。

医学对疾病症状的描述是多么不透明啊！符合大家对罪恶的想象。

斥责父亲是德国家庭教育中必不可少的一种权宜之计，我们也会恐吓成年人说精神科医生会来接他们。

精神科医生总是承认，精神病患者在入院后表现出过激的行为。

精神科医生和其他精神病患者的区别近似于精神错乱的阴阳两面。

（以上内容来自：卡尔·克劳斯的《表达与矛盾》）

无意识与政治

精神分析经常被批评为仅仅是一种精神漫游,没有考虑历史、社会和政治发展的影响。但批评者忘记了无意识无处不在,会和精神上又或是世界上所有我们听到的声音产生共鸣。

弗洛伊德受到大学任命:政治胜利与道德犯罪

弗洛伊德,一个从俄狄浦斯的故事中找到了通向人类历史的钥匙的谜题破译者,对玩笑也情有独钟。在 45 岁的时候,弗洛伊德博士终于被任命为大学教授,一向默默无闻的他以一种恶搞的新闻风格向一位朋友讲述了这件事,把他的晋升描述为一场政治胜利:

> 我得到了公众的认可,祝福和鲜花纷纷送来,就好像女王陛下突然正式认可了性的角色,理事会突然确认了梦的意义,议会

以三分之二的多数票赞成了歇斯底里症的精神分析疗法的必要性一样。

这是一个十分有维也纳风格的梦幻场景：政治权力向爱与梦想屈服。

在弗洛伊德开的每一个玩笑背后，都隐藏着一个问题。在发表这一恶搞声明前两年出版的《梦的解析》中，弗洛伊德定义了解梦的第一个基本原则："梦是欲望的实现。"当他在1902年写这篇文章的时候，他正在收集材料，证明这个原则也适用于幽默笑话。"有时，"他补充说，"机智的幽默话也揭示了问题的解决方法。"

弗洛伊德为晋升欢欣鼓舞，但他没有故步自封。相反，他让他的想象力自由地唤起人们的思想，描绘出一个更大的天堂。他通过想象议会一致支持他关于爱的非正统科学来自娱自乐。他想象中的议会以三分之二的多数通过了心理治疗在歇斯底里症方面的应用，显然是当时政治现实的反面写照。在1902年，奥地利议会也陷入了政治上的歇斯底里，以至于它无法找到基本的"多数"——更不用说三分之二——来制定任何领域的立法。

然而，当时的政治瘫痪并没有引起弗洛伊德的关注。他被一些更具体也更

奥地利的弗朗茨-约瑟夫皇帝。

模糊的东西困扰，那就是他与整个政治制度的关系，包括这种关系在学术层面上的表现以及造成的影响。他的笑话实际上实现了他压制政治权威的愿望。"这个笑话也揭示了问题的解决办法。"在弗洛伊德的幽默中，政治权力既没有被推翻，也没有被解散，相反，它们奇迹般地达成了和谐一致，共同承认他的理论的有效性。就这样，他用笑话庆祝了自己在政治上取得的想象的胜利。政治，既是他年轻时最满怀期待的领域，也是他从那以后最大的痛苦来源。

不过，在同一封信中，弗洛伊德在为自己的任命欢欣鼓舞的同时，还表露出了自我怀疑和负罪感。他觉得，如果他更关心自己的事业，本有可能更早得到任命。他在给朋友威廉·弗利斯的信中说："四年多来，我没有朝这个方向做任何事。"直到他完成了《梦的解析》的写作，他才决定向上级提出申请，"做点该做的事"。这给他带来了一个道德问题，也就是他说的"打破我的顾忌"，拉拢当局。弗洛伊德不得不采取必要措施来获得学术认可，导致他对自己的成功感到内疚，因为在他看来，他的讲坛是向可恶的当局屈服的结果。"我明白到，我们的旧世界是由权威统治的，就像新世界是由美元统治的一样。我第一次向权威俯首。"

弗洛伊德在自娱自乐中取得了想象中的政治胜利，但他的良心却背负着道德犯罪的愧疚感。他的想象力和良心对期待已久的事业成就的矛盾反应，正揭示了他毕生作为学者，作为犹太人，作为公民和儿子，反对奥地利政治和社会现实的斗争。在《梦的解析》中，他给出了对这场外在与内在斗争的最完整、最个人化的叙述。与此同时，他超越了自身的矛盾，提出了对人类经验具有里程碑意义的解释——将政治归结为精神力量的附带现象。

…………

就这样解除了汉尼拔誓言的诅咒

在完成了《梦的解析》中的理论叙述和自我分析之后，弗洛伊德在1901年，也就是他父亲去世近5年后，终于能够放下"向罗马人复仇"的执念，作为一个知识朝圣者，一个跟随温克尔曼足迹的心理考古学家，踏进永恒之城。

他写道:"对我来说,这是一次震撼的经历,正如你所知,我是在实现一个非常古老的愿望。但结果也有点令人失望。"弗洛伊德描述了他对三种罗马的不同反应:第三种是现代化的,"慷慨好客,亲切友好";第二种是天主式的,带着"救赎的谎言",使他因为"想到自己的苦难和存在的其他苦难"而感到不安;只有古代的罗马让他兴奋不已——"我本可以去瞻仰密涅瓦神庙那破败的废墟。"

弗洛伊德是否解释了他想去密涅瓦神庙的废墟中瞻仰密涅瓦的自发愿望?就像在他的扉页上提到的,与代表天后朱诺的地狱之怒,不安女神阿莱克托那样,密涅瓦也是一位双性恋女神。但是,如果说生殖女神朱诺常常在城市的建设者中散布恐惧,那么处女女神就是公民秩序的保护者。她的长矛、饰有蛇的盾牌和雕刻了三个蛇发女怪的胸甲帮助她击退城市的敌人。1902年,弗洛伊德参观罗马密涅瓦神庙后不久,雅典娜雕像①终于在维也纳议会大厦前竖立起来,那是自由主义者信奉的理性政治秩序的象征。密涅瓦的智慧是一种独特的智慧,与代表必然性结构和权力现实的朱庇特相调和。

在这篇文章开头引用的那封信中,弗洛伊德讽刺地将自己获得教授一职视为政治上的胜利。如我们所见,幽默要比看上去的苦涩得多。这次晋升是他个人和事业的胜利,但在道德上却付出了高昂的代价,他不得不违背自己的良心,求助于奥地利所谓的"庇护",即有社会影响力的人的帮助,才能获得个人晋升。

"事实上,这是我的工作。我从罗马回来的时候,感觉心里重新燃起了生存和行动的意志,原本对殉道的渴望也得到了消除。这就是为什么我决定打破我狭隘的顾虑,像其他人一样做该做的事。救赎需要一个来源,而我选择从教授的头衔中获得。"

在痛苦的孤军奋战之后,精神分析的辉煌发现治愈了弗洛伊德的罗马神经症。他到罗马的密涅瓦神庙里瞻仰遗迹,然后求得了正规的学术地位,这是政治上的重大胜利——通过把自己过去与现在的政治命题简化为

---

① 罗马神话中的智慧女神密涅瓦与希腊神话中的雅典娜相对应。

父子间原始冲突的附带现象，弗洛伊德在非历史层面为他的自由主义同行提供了一种关于人类与社会的理论，这种理论使这个失去控制的政治世界变得可以忍受。

（以上内容来自：卡尔·E.休斯克的《世纪末的维也纳》）

犹太人身份问题

面对维也纳犹太人的痛苦立场，弗洛伊德既不想采用他憎恶的激进解决方案（否认和改变自己的种族），也不想听取社会民主党（里面许多犹太人是激进分子）提出的政治和社会解决方案，也不想走犹太复国主义的道路。他通过专注于研究无意识现实而不是历史和社会现实，通过特别关注那些做梦的人、遗忘的人、欢笑的人、爱的人、恐惧的人、犹豫不决的人、反思自责的人、有情绪的人、有坏念头的人、麻痹的人，试图以自己的方式重新表述犹太人的身份问题，但不是从宗教、同化或者民族主义的角度，而是从超越常规范畴的角度。他的主张不同于社会民主主义领袖维克多·阿德勒（Victor Adler），不同于犹太复国主义者西奥多·赫茨尔（Theodor Herzl），不同于海涅（Heinrich Heine）或勋伯格（Arnold Schönberg），不同于

1935年左右，被纳粹学生占领的维也纳大学。海报上写着："禁止犹太人进入！"

所有皈依者，也不同于宗教正统。他提出了一个内在世界的假设，认为每个人内心都承载着一个避难所，它建立在一种记忆之上，这种记忆即使在表面上被遗忘，也永远不会失去，并且会世代流传。他制服了政治和宗教，使它们服从于无意识的法则。

（以上内容来自：莉迪亚·弗莱姆的《弗洛伊德和他的病人》）

何谓文明?

1935年,弗洛伊德写道:"我毕生的兴趣,在自然科学、医学和心理治疗领域绕了一圈之后,再次转到了文化问题上,这些问题很久以前,在我几乎还没到能思考的年龄时,就已经深深地吸引了我。"弗洛伊德在《文明及其缺憾》一书中论述了"幸福、文明和负罪感"的问题,这是他对心理学在社会学中的应用的最后贡献。在书中,他分析了何谓文明。

我们似乎已经充分证实,我们在当前的文明中感觉很不幸福,但要判断以前的人是否幸福,或者有多幸福,还要判断这种感受在多大程度上归因于他们的文明,这很难形成定论。
…………
现在,我们是时候关注这种文明的本质了,幸福在其中的价值正在受到质疑。

技术进步:看起来就像个童话故事

最开始的讨论很容易:我们承认,所有有益于人类的活动和价值观都是文明的,因为它们使地球为人类服务,保护人类免受自然力量的侵害,等等。对于文明这方面的功用,我们坚信不疑。追溯到很久以前,人类最早的文明活动莫过于使用工具、驯服火、建造房屋。其中,驯服火是一项非同寻常、史无前例的成就;再加上其他种种突破,人类踏上了一条从未停止过的道路,我们不难猜测是什么促使我们这样做。人类利用各种工具补全了自己的器官——运动器官和感觉器官——又或是提升了器官在性能上的极限。发动机为人类提供了巨大的动力,人类使用它就像使用自己的肌肉一样,可以向任何方向用力;轮船和飞机则确保水和空气都不会成为人类运动的阻碍。

人类用眼镜矫正眼睛晶状体的缺陷，用望远镜观察远处的景物，用显微镜突破视网膜构造的限制。用照相机保留短暂的视觉印象，用留声机保留短暂的声音印象，这两者都把记忆化成了实体。通过电话，人类能跨过童话也不敢想象的距离，听到很远的地方传来的声音。文字行使了缺席者的话语权，而房屋则是我们的第一个房子——温暖子宫的替代品，给我们安全与舒适。

人类通过科学技术在地球上建立起的一切，不只是看起来像童话故事。在那里，这个物种的每一个个体，都必须像一个无助的初生婴儿，作为一个脆弱的生命体降临在大自然中。他们实现了童话故事中的所有愿望——不，只是大部分。他们有权将这一切视为文明的财富。

…………

人类简直已经自封为神。安装上所有的这些辅助器官后，确实看起来十分壮观，但这些器官并不能与他合为一体，有时还会给他带来很大的麻烦。可以稍感安慰的是，技术的发展不会到1930年就停止，在这个领域里，遥远的时代还将带来新的进步，其程度甚至可能是无法想象的，届时人将更接近神。但是，回到我们的研究，当今时代，这些接近神的人类并不感到幸福。

…………

肥皂的使用可以衡量文明程度？

……但是，我们对文明还有其他的需求，并且我们希望这些需求同样能够实现。看起来，这些需求好像是对最初需求的否定：当我们看到人们把心思用在那些毫无实用价值的东西上时，我们也会视之为文明，例如当我们看见城市中提供绿化、供人休闲的花园里铺设着花坛，或者看见住宅的窗户上摆着花盆作为装饰，我们也会视之为文明。

很明显，我们期望文明会推崇的无用之物就是美。我们要求文明人能在力所能及的范围内，欣赏那些在自然中不期而遇的美，并制造美的物品。我们的文明还远远没有达到这种要求。另外，整洁和秩序同样也是我们需要的。我们读到，莎士比亚父亲在斯特拉特福的家，门外堆着一大堆粪便时，我们对莎士比亚时代英国省级小镇的文明程度就不会有好的评价；当我们发现维纳河畔的小径上到处是散落的纸张时，我们愤慨地大呼"野蛮"——这是文明的对立面。在我们看来，任何脏乱都与文明格格不入。同样，我们也要求人体保持洁净，当我们得知太阳王身上会散发着难闻的气味时，我们会感到惊讶；当我们在贝拉岛看到拿破仑晨间如厕用的小盆时，我们会摇头叹息。

在对文明的要求中，美、整洁和秩序显然占有特殊的地位。虽然大家不会断言它们比支配自然的力量更重要，但也没有人会甘愿认为它们无关紧要。

精神活动是高级文明的标志

我们认为，最能体现文化特征的莫过于高级精神活动。我们尊重并关注智力、科学和艺术表演，以及思想在人类生活中的主导作用。在这些思想的顶端，是宗教体系（我在其他地方阐述过宗教体系的复杂构造），与宗教体系并列的是哲学推理，最后就是所谓人的理想形态，也就是对个人、民族和全人类最理想的可能性的表述，以及在这些表述的基础上提出的要求。事实上，这些精神活动并非相互独立，而是彼此紧密地交织在一起，这使得要阐述其内容、推导其心理源头都变得更加困难。

如果我们非常笼统地假设，人类所有活动的主要动力都来源于实用和享乐这两个相互融合的目的，那么我们也必须对这里提到的文明表现形式做出同样的假设。尽管这个假设只在科学和艺术活动中表现得比较明显，但无疑，其他活动也应符合人类这两项强烈需求，并可能只在少数人身上表现了出来。我们也不应被这些宗教、哲学体系以及理想的价值判断误导，无论人们是将它们视为人类精神的最高表现，还是将它们视为妄想，都必须认识到，它们的存在，尤其是它们的主导地位，是高级文明的标志。

个人自由不是文明的产物

文明的最后一个特征（当然，不是最无关紧要的特征），我们必须了解人们之间的关系，包括了邻居、帮手、性对象、家庭成员和国家成员等等社会关系。

…………

　　现在，群体的力量作为一种"正当权利"，与被谴责为"野蛮暴力"的个人的力量相对立。以群体的力量取代个人的力量是文化上的决定性一步。其本质在于，群体成员在满足自身需求方面会受到限制，而独立的个人则没有这种限制。在这种背景下，正义成了文明的要求，人们要保证法律秩序一旦确立，就不会再因个人利益而遭到破坏。这种群体法律并没有确定的道德价值立场。此后，随着文明的发展，这种法律不再是种姓、阶层、部落等小群体的意志的体现，这些小群体又变成了一个个独立的个人，暴力对待其他同类，甚至是更大的群体。最终的结果应该是：所有人，或者至少是所有能够融入社会的人，都通过牺牲自己的本能，为社会做出贡献，并且不允许他们中的任何人（当然也有例外）成为野蛮暴力的受害者。

　　个人自由不是文明的产物。它很伟大，但后来却往往变得一文不值，因为个人几乎没有能力捍卫它。由于文明的发展，个人自由受到了限制，正义的要求则使任何人都不能免于这些限制。人类社会中涌现的对自由的追求，可能是对现有不公正的反抗，是文明进一步发展的催化剂，在这种情况下，对个人自由的追求还是与文明相协调的。但是，这种追求也可能来自原始个性中没有被文明驯服的其他部分，从而成为敌视文明的基础。

　　…………

　　人类似乎无法通过施加任何影响来改变自己的天性，使自己成为白蚁一样服务于集体的生物，他无疑将始终捍卫自己对个人自由的要求，反对大众的意志。人类的大部分斗争都集中在一项任务上，那就是在个人要求和文明要求之间找到一种适当的、令人满意的平衡。有一个关乎人类命运的问题：这种平衡可否通过特定的文化配置来实现？或者说，这种冲突是否永远不能和平解决？

（以上内容来自：西格蒙德·弗洛伊德的《文明及其缺憾》）

年表

1815 年	雅各布·弗洛伊德出生。
1832 年	伊曼纽尔·弗洛伊德出生。
1835 年	阿玛莉亚·纳旦松出生。
1836 年	菲利普·弗洛伊德出生。
1855 年	7月,雅各布再婚。
	约翰·弗洛伊德出生。
1856 年	5月6日,西格蒙德·弗洛伊德出生。
1857 年	4月,尤利乌斯·弗洛伊德出生。
	12月,尤利乌斯·弗洛伊德夭折。
1865 年	弗洛伊德上中学。
1873 年	弗洛伊德上大学。
1876 年	在的里雅斯特(Trieste)做研究。
1876—1882 年	在布吕克指导下做研究。
1877 年	第一次发表科学研究报告。
1878 年	从"西吉斯蒙德"改名为"西格蒙德"。
1881 年	弗洛伊德成为一名医生。
1882 年	4月,初识玛莎·伯奈斯。
	6月17日,订婚。
	7月31日,进入维也纳综合医院。
	11月,研究布罗伊尔的患者安娜·O.的个案。
	神经元理论的雏形。
1883 年	5月,成为梅纳特的助理。
	9月,决心专攻神经学。
1883—1885 年	从事骨髓研究。
1884 年	6月,研究可卡因。
	9月,与柯勒(Carl Koller)进行局部麻醉的交流。
1885 年	6月,弗洛伊德获得奖学金。
	8月31日,离开医院并烧毁手稿。

资料与文献

	9月，被任命为讲师。
	9月，在万茨贝克逗留6周。
	10月13日，抵达巴黎。
1886年	2月28日，从巴黎出发前往万茨贝克。
	3月，在柏林学习。
	4月25日，开始作为执业医生的职业生涯。
	8月，服兵役。
	夏季，在卡索维兹（Kassowitz）手下从事儿科工作。
	9月14日，结婚。
1887年	11月，弗洛伊德结识弗利斯。
	12月，开始使用催眠暗示法。
1889年	夏季，前往法国南锡拜访伯恩海姆。
1890年	开始应用宣泄疗法。
1891年	夏季，迁居到博格街19号。
	发表失语症与小儿麻痹的研究报告。
1892—1898年	发展"自由联想法"。
1893年	与布罗伊尔共同发表初步研究报告。
1894年	与布罗伊尔决裂。
1895年	5月，《歇斯底里研究》出版。
	7月24日，第一次对梦进行分析。
1895—1900年	与弗利斯密切交往。
1896年	3月，首次采用"精神分析"一词。
	10月，父亲雅各布去世。
1897年	8月，开始自我分析。
1899年	11月4日，出版《梦的解析》。
1900年	8月，与弗利斯绝交。
1901年	9月，弗洛伊德与弟弟一起第一次游历罗马。
1902年	10月，开始举行"星期三心理学会"（1908年4月改名为"维也纳精神分析学会"）。
1904年	出版《日常生活的精神病理学》。
	9月，开始与布洛伊勒通信。

1905 年	出版《性学三论》《诙谐及其与无意识的关系》及《朵拉》个案。爱德华·希奇曼（Edward Hitschmann）、欧内斯特·琼斯和奥古斯特·施塔克（August Stärcke）开始从事精神分析。
1906 年	4 月，荣格与弗洛伊德开始通信。
1907 年	1 月，第一个陌生人的来访：艾丁根造访弗洛伊德。 9 月，荣格在苏黎世创办"弗洛伊德学会"。 弗洛伊德写作关于詹森小说《格拉迪沃》的论文。
1908 年	2 月，费伦齐初访弗洛伊德。 4 月，第一届国际精神分析会议在萨尔茨堡举行。 4 月，布里尔与欧内斯特·琼斯造访弗洛伊德。 4 月，弗洛伊德扩建公寓，烧毁之前的信件。 8 月，亚伯拉罕创办柏林学会。 9 月，与荣格在布格霍尔茨共度 4 日。
1909 年	《精神分析年报》创刊。 4 月，普菲斯特造访弗洛伊德。 9 月，美国克拉克大学讲座。会见斯坦利·霍尔、威廉·詹姆斯和帕特南（J. J. Putnam）。
1910 年	4 月，纽伦堡国际会议。国际精神分析协会基金会成立。 5 月，弗洛伊德成为美国精神病理学会会员。 6 月，《达·芬奇及其童年回忆》出版。 10 月，《精神分析中央学刊》创刊。
1911 年	2 月，布里尔成立纽约精神分析学会。 5 月，欧内斯特·琼斯创设美国精神分析协会。 6 月，阿德勒离开维也纳学会。 9 月，魏玛国际会议。
1912 年	1 月，《意象》创刊。 6 月，琼斯成立"委员会"。 11 月，在慕尼黑与荣格等人会面。 12 月，英国出版首部精神分析著作。
1912—1915 年	弗洛伊德撰写"精神分析技术"系列论文。
1913 年	1 月，《精神分析期刊》创刊。

	5月，费伦齐创立布达佩斯学会。
	9月，慕尼黑国际会议。
	10月，荣格与弗洛伊德决裂。
	10月，琼斯创立伦敦学会。
	弗洛伊德出版《图腾与禁忌》。
1914年	3月，弗洛伊德撰写《精神分析运动史》。
	4月，荣格辞去国际精神分析协会会长一职。
	8月，荣格辞职。
	11月，异母哥哥伊曼纽尔去世。
1915年	3—6月，弗洛伊德撰写了12篇关于《元心理学》的文章。
1916—1917年	最后在大学的讲座。
1918年	夏季，冯·弗洛因德（Von Freund）建立出版社。
1919年	1月，国际精神分析出版社成立。
	春季，开始撰写《超越快乐原则》。
	5月，起草《集体心理学》纲要。
	9月，费伦齐与琼斯造访弗洛伊德。
	9月，艾丁根加入"委员会"。
1920年	1月，弗洛伊德之女苏菲去世。
	《国际精神分析学报》创刊。
	5月，《超越快乐原则》完稿。
	9月，参加海牙国际会议。
	12月，《集体心理学》完稿。
1922年	9月，参加柏林国际会议。
1923年	4月，弗洛伊德第一次动手术。
	出版《自我与本我》。
	6月，弗洛伊德之孙海内尔去世。
1924年	8月，兰克与弗洛伊德决裂。
1925年	6月，布罗伊尔去世。
	7月，安娜·弗洛伊德加入"委员会"。
	7月，撰写《抑制、症状、焦虑》。
	9月，撰写《弗洛伊德自述》。

	12月，卡尔·亚伯拉罕去世。
1926 年	5月，70岁大寿。
	12月，爱因斯坦到柏林拜访弗洛伊德。
1927 年	8月，撰写《一个幻觉的未来》。
	9月，"委员会"解散。
1929 年	7月，撰写《文明及其缺憾》。
	秋季，费伦齐与弗洛伊德疏远。
1930 年	8月，获歌德奖。
	9月，弗洛伊德之母阿玛莉亚去世。
	弗洛伊德撰写第一部讨论威尔逊总统的著作。
1931 年	5月，75岁大寿。
	6月，癌症有复发的危险。
	10月，出生地弗赖堡为弗洛伊德举行致敬仪式。
1932 年	6月，撰写《精神分析引论新讲》。
	7—8月，与爱因斯坦合著《为什么要战争？》。
	10月，汉斯·萨克斯离开欧洲。
1933 年	5月，费伦齐去世。
	5月，弗洛伊德的著作在柏林被焚毁。
	12月，马克斯·艾丁根离开欧洲。
1934 年	夏季，撰写《摩西与一神教》。
1936 年	5月，80岁大寿。
	托马斯·曼向弗洛伊德致敬。
	入选皇家学院院士，并获其他荣誉。
	7月，癌症复发。
	9月，金婚纪念日。
1937 年	1月，与弗利斯的通信被发现。
1938 年	3月，纳粹入侵。决定离开维也纳。
	9月，最后一次手术。
1939 年	2月，癌症恶化，无法再动手术。
	8月，出版《摩西与一神教》。
	9月，弗洛伊德去世。

相关文献

弗洛伊德的作品

[1]《精神分析五讲》，帕约出版社，1923年。
Cinq leçons sur la psychanalyse, Payot, 1923.

[2]《精神分析导论》，帕约出版社，1924年。
Introduction à la psychanalyse, Payot, 1924.

[3]《日常生活的精神病理学》，帕约出版社，1975年。
Psychopathologie de la vie quotidienne, Payot, 1975.

[4]《图腾与禁忌》，帕约出版社，1999年。
Totem et tabou, Payot, 1999.

[5]《梦及其解释》，伽利玛出版社，1925年。
Le Rêve et son interprétation, Gallimard, 1925.

[6]《性学三论》，伽利玛出版社，1923年。
Trois essais sur la théorie sexuelle, Gallimard, 1923.

[7]《梦的解析》，法国大学出版社，1926年。
L'Interprétation des Rêves, PUF, 1926.

[8]《达·芬奇及其童年的回忆》，伽利玛出版社，1991年。
Un souvenir d'enfance de Léonard de Vinci, Gallimard, 1991.

[9]《精神分析论文》，帕约出版社，1981年。
Essais de psychanalyse, Payot, 1981.

[10]《弗洛伊德自述》，伽利玛出版社，1984年。
Sigmund Freud présenté par lui-même, Gallimard, 1984.

[11]《弗洛伊德五大心理治疗案例》，法国大学出版社，1954年。
Cinq psychanalyses, PUF, 1954.

[12]《诙谐及其与无意识的关系》，伽利玛出版社，1930年。
Le Mot d'esprit et sa relation à l'inconscient, Gallimard, 1930.

[13]《一个幻觉的未来》，法国大学出版社，1995年。
L'Avenir d'une illusion, PUF, 1995.

［14］《文明及其缺憾》，法国大学出版社，2004年。
Malaise dans la culture, PUF, 2004.

［15］《精神分析引论新讲》，伽利玛出版社，1936年。
Nouvelles conférences sur la psychanalyse, Gallimard, 1936.

［16］《元心理学》，伽利玛出版社，1940年。
Métapsychologie, Gallimard, 1940.

［17］《摩西与一神教》，伽利玛出版社，1948年。
L'Homme Moïse et la religion monothéiste, Gallimard, 1948.

［18］《移情之爱的观察》，伽利玛出版社，1986年。
Vue d'ensemble des névroses de transfert, Gallimard, 1986.

［19］《怪怖者》，伽利玛出版社，2001年。
L'Inquiétante étrangeté et autres textes, Gallimard, 2001.

［20］《W. 詹森〈格拉迪沃〉中的谵妄与幻梦》，伽利玛出版社，1986年。
Le Délire et les rêves dans la « Gradiva » de W. Jensen, Gallimard, 1986.

［21］《精神分析学的诞生》，法国大学出版社，1996年。
La Naissance de la psychanalyse, PUF, 1996.

［22］《精神分析摘要》，法国大学出版社，1995年。
Abrégé de psychanalyse, PUF, 1995.

［23］西格蒙德·弗洛伊德、威廉·布利特，《威尔逊总统的心理肖像》，帕约出版社，1990年。
Sigmund Freud/William Bullitt, *Le Président Wilson, portrait psychologique*, Payot, 1990.

关于弗洛伊德的作品

［1］欧内斯特·琼斯，《西格蒙德·弗洛伊德的生活与工作》，第3卷，法国大学出版社，1990年。
Ernest Jones, *La Vie et l'œuvre de Sigmund Freud*, 3 tomes, PUF, 1990.

［2］玛尔特·罗伯特，《精神分析革命》，帕约出版社，2002年。
Marthe Robert, *La Révolution psychanalytique*, Payot, 1968 rééd. 2002.

［3］奥克塔夫·曼诺尼，《弗洛伊德》，《永远的作家》，塞伊出版社，1968年。
Octave Mannoni, *Freud*, Seuil « Écrivains de toujours », 1968.

［4］莉迪娅·弗莱姆,《弗洛伊德和他的病人的日常生活》,阿歇特出版社,1986 年。

Lydia Flem, *La Vie quotidienne de Freud et deses patients*, Hachette, 1986.

［5］玛丽安娜·克鲁尔,《雅各布的儿子西格蒙德》,伽利玛出版社,1983 年。

Marianne Krull, Sigmund, *fils de Jacob*, Gallimard, 1983.

［6］迪迪埃·安齐厄,《弗洛伊德的自我分析与精神分析的发现》,法国大学出版社,1998 年。

Didier Anzieu, *L'Auto-analyse de Freud et la découverte de la psychanalyse*, PUF, 1998.

［7］杰弗里·穆萨耶夫·马松,《隐藏的真实》,奥比耶·蒙泰涅出版社,1992 年。

Jeffrey Moussaieff Masson, *Le Réel escamoté*, Aubier Montaigne, 1992.

［8］马克斯·舒尔,《弗洛伊德生命中的死亡》,伽利玛出版社,1982 年。

Max Schur *La Mort dans la vie de Freud*, Gallimard, 1982.

［9］恩斯特、露西·弗洛伊德、伊尔丝·格鲁比希－西米提斯，《西格蒙德·弗洛伊德，地点，面孔，物件》，伽利玛出版社，1979年。
Sigmund Freud, Lieux, visages, objets, *édition dirigée par Ernst et Lucie Freud et Ilse GrubichSimitis*, Complexe/Gallimard, 1979.

［10］埃德蒙·恩格尔曼，《弗洛伊德在博格街的房子》，塞伊出版社，1979年。
Edmund Engelman, *La Maison de Freud*,Berggasse, Seuil, 1979.

来往信函

［1］《西格蒙德·弗洛伊德1873—1939年书信集》，伽利玛出版社，1966年。
Sigmund Freud, *Correspondance 1873-1939*, Gallimard, 1966.

［2］《西格蒙德·弗洛伊德与奥斯卡·普菲斯特1909—1939年通信集》，伽利玛出版社，1966年。
Sigmund Freud, *Correspondance avec le Pasteur Pfister, 1909-1939*, Gallimard, 1966.

［3］《西格蒙德·弗洛伊德与卡尔·亚伯拉罕1907—1926年通信集》，伽利玛出版社，1969年。
Sigmund Freud et Karl Abraham, *Correspondance, 1907-1926*, Gallimard, 1969.

［4］《露·安德烈斯－莎乐美与弗洛伊德通信集》，伽利玛出版社，1970年。
Lou Andreas-Salomé, *Correspondance avec Freud*, Gallimard, 1970.

［5］《西格蒙德·弗洛伊德与阿诺德·茨威格1927—1939年通信集》，伽利玛出版社，1973年。
Sigmund Freud et Arnold Zweig, *Correspondance 1927-1939*, Gallimard, 1973.

［6］《西格蒙德·弗洛伊德与卡尔·荣格1906—1914年通信集》，伽利玛出版社，1975年。
Sigmund Freud et C.G. Jung, *Correspondance 1906-1914*, Gallimard, 1975.

［7］《西格蒙德·弗洛伊德青年书信集》，伽利玛出版社，1990年。
Sigmund Freud, *Lettres de jeunesse*, Gallimard, 1990.

精神分析史

［1］H. 农贝格、E. 费德恩，《第一批精神分析学家，维也纳精神分析学会纪要》，伽利玛出版社，1976—1983年。
H. Nunberg et E. Federn, *Les Premiers Psychanalystes, Minutes de la Société*

psychanalytique de Vienne, Gallimard, 1976-1983.

［2］伊丽莎白·卢迪内斯库,《法国精神分析的历史,百年之战》,第 2 卷,巴黎塞伊出版社,1982—1986 年。
Élisabeth Roudinesco, *Histoire de la psychanalyse en France, La Bataille de cent ans*, 2 tomes, Seuil, 1982-1986.

［3］让·拉普朗什、J.–B. 庞塔利斯,《精神分析词汇》,法国大学出版社,1967 年。
Jean Laplanche et J.-B. Pontalis, *Vocabulaire de la psychanalyse*, PUF, 1967.

插图目录

书前页

1	1912 年的弗洛伊德。马克斯·哈尔贝施塔特（Max Halberstadt）摄。
3~11	拉尔夫·斯特德曼在他所著的《西格蒙德·弗洛伊德》中的插图，巴黎奥比耶·蒙泰涅出版社，1980 年。
14	斯特德曼在《西格蒙德·弗洛伊德》中的插图。

第一章

001	弗赖堡的普日博尔镇（Příbor），弗洛伊德寄给琼斯的明信片。
002	19 世纪末，犹太人从乡下逃亡到维也纳。明信片。
003 上	油画《西格蒙德·弗洛伊德和他的兄弟姊妹》，1868 年，佚名画家绘。
003 下	弗洛伊德的出生地。
004	维也纳的维德纳（Viedner）大街，格卢克（Gluck）的家。维也纳音乐之友协会。
005	弗洛伊德的父亲在弗洛伊德 35 岁生日时送给他的家传《圣经》上的希伯来文题词，以及 1864 年左右，雅各布·弗洛伊德与西格蒙德的合影。
006	1872 年的阿玛莉亚·弗洛伊德。
007	油画《原罪》。伊西多·考夫曼（Isidor Kaufmann）1890 年左右作品。出自私人收藏。
008	维什尼奇（Roman Vishniac）拍摄照片，载于《失落的世界》（*Un monde diparu*），巴黎塞伊出版社，1984 年。
009	席勒肖像版画。
010	素描"青蛙、蜥蜴与蟾蜍"。歌德 1797 年的作品。出自魏玛歌德国立博物馆德意志古典文学研究纪念室。
011	1876 年的弗洛伊德全家福。
012~013	油画《汉尼拔在意大利》，里班达（Jacopo Ripanda）绘。《布匿战争》壁画（1508—1513）细部。罗马首都博物馆。

资料与文献　　171

014	恩斯特·布吕克。
015	1873 年世界博览会上的维也纳市景，约瑟夫·朗格（Josef Langl）绘。维也纳历史博物馆。
016 上	1882 年维也纳大学医学院教授群版画。
016~017	1885 年的弗洛伊德和玛莎·伯奈斯。
017	弗洛伊德 1878 年为论文《七鳃鳗的神经节和脊髓》所绘制的插图。
018	1885 年的弗洛伊德。

第二章

019	弗洛伊德翻译的沙尔科著作德语译本中的插画。
020 上	维也纳综合医院。
020 下	1885 年《论可卡因》扉页。
021	1893 年弗洛伊德所开的可卡因处方。
022	版画《主宫医院的尸检》。依 1876 年沙龙展中热尔韦（Gervex）的油画制作。
023 左	激情阶段：狂喜。奥古斯汀（Augustine）摄，见布诺维尔（Bourneville）与勒尼亚尔（Regnard）合著的《萨尔佩特里埃影像集》第二册，巴黎德拉艾与勒克罗尼耶（Delahaye & Lecrosnier）医学促进会出版，1878 年。
023 右	激情姿态：嘲弄。同上。
023 下	开始发作：尖叫。同上。
024 左	油画《沙尔科教授肖像》。托法莫（Tofamo）1881 年绘。沙尔科家族藏。
024 右	沙尔科漫画。1885—1890 年作品，巴黎医学史博物馆。
026~027	油画《沙尔科医生的临床课》。1885 年布鲁耶绘。里昂平民收容所博物馆。
028 上	版画《强直不动阶段》。里歇尔（Richer）根据《奥古斯汀摄影集》中照片雕刻。见《严重歇斯底里或歇斯底里-癫痫临床研究》一书，巴黎德拉艾与勒可尼耶医学促进会出版，1881 年。
028 下	彩色版画《惩处女巫》。18 世纪格雷文布吕克（Grevenbrock）作。威尼斯科雷尔博物馆。
029 上	素描《歇斯底里-癫痫发作》。沙尔科藏品。巴黎萨尔佩特里医院沙

	尔科图书馆。
029 下	弗洛伊德的沙尔科著作德译本 1891 年在《失语症释义》上的广告，巴黎萨尔佩特里医院沙尔科图书馆。
030	1886 年的弗洛伊德与玛莎结婚照。
031	维也纳的"宽恕之屋"。
032	伯恩海姆教授照片。巴黎医学史博物馆。
033	版画《萨尔佩特里的电疗》。巴黎国立图书馆。
034~035	油画《催眠疗程》。理查德·伯格（Richard Bergh）绘，1851 年。斯德哥尔摩国立博物馆。
036 上	19 世纪的自我催眠装置。巴黎医学史博物馆。
036 下	19 世纪末伯里龙（Berillon）医生进行催眠的情景。巴黎医学史博物馆。
037 上	弗洛伊德献给沙尔科的《失语症释义》的扉页，巴黎萨尔佩特里医院沙尔科图书馆。
037 左	1882 年的贝尔塔·帕彭海姆小姐（即安娜·O.）。
037 下	弗洛伊德献给沙尔科的《歇斯底里研究》1895 年初版扉页。巴黎萨尔佩特里医院沙尔科图书馆。
038	1899 年，弗洛伊德的儿女在贝希特斯加登的留影。
039 上	1877 年的布罗伊尔。
039 下	威廉·弗利斯。
040	《治疗师》，马格里特绘。纽约的哈里·托齐纳（Harry Torczyner）的藏品。

第三章

041	弗洛伊德在伦敦梅尔斯菲尔德花园（Maresfield Gardens）的办公室。
042	油画《品茶的妇女》。阿尔伯特·林奇（AIberto Lynch）绘，19 世纪末。秘鲁利马艺术博物馆。
043	沙发，埃德蒙·恩格尔曼摄，1938 年。
044~045	油画《索菲萨的小屋》。约瑟夫·恩格尔哈特（Josef Engelhert）绘，1903 年。维也纳历史博物馆。
047	油画《格林施泰德咖啡馆》。赖因霍尔德·弗尔克尔（Reinhold

资料与文献 **173**

	Volkel）绘。维也纳历史博物馆。
048	1891 年弗洛伊德迁居通知。
049	1890 年的弗洛伊德与弗利斯。
050 上	弗洛伊德办公室面向窗户的左侧。恩格尔曼摄于 1938 年。
050~051	同上（细部）。
052	维也纳附近的贝尔维城堡。
053	道口警示牌。
054	《沉睡之地的小尼莫》（细节），1908 年 7 月 26 日版。载于温莎·麦凯（Winsor McCay）著的《小尼莫》，皮埃尔·奥雷（Pierre Horay）编辑，1969 年。
056	《囚犯的梦》，莫里茨·冯·施温德（Moritz von Schwind）绘，1836 年，慕尼黑萨克美术馆。
057	水彩画《噩梦》，富塞利绘。苏黎世美术馆。
057	富塞利绘水彩画《噩梦》（细部）。
058	油画《鲁莽的睡眠者》，马格里特出版社，1927 年。伦敦泰特美术馆。
059	油画《摇摆的女人》，马克斯·恩斯特绘，1923 年。杜塞尔多夫美术馆。
060 上	1901 年的弗洛伊德和儿子恩斯特。
060 下	雅各布·弗洛伊德。
061	图画字谜。见拉鲁斯每月画报（1913 年 1 月 15 日—2 月 14 日号），谜底是："巴拿马的来信：运河工程进展良好，并将于明年年中开放。"①
062	1895 年弗洛伊德致弗利斯函中附有的插图。
063	希腊瓶画《俄狄浦斯与斯芬克斯》。梵蒂冈博物馆。
065	水彩画《俄狄浦斯与斯芬克斯》。古斯塔夫·莫罗（Gustave Moreau）绘，巴黎卢浮宫博物馆。
066	弗洛伊德担任特聘教授的任命状，由奥地利皇帝弗朗茨 – 约瑟夫签署。
067 上	1900 年前后的罗马大广场。

① 与图画描绘的内容同音，如"巴拿马的来信"（L'on écrit de Panama）与图中左侧"长鼻子，千斤顶，两顶巴拿马草帽"（Long nez cric deux panamas）同音。

067 下	《梦的解析》初版。
068	油画《圣安娜与圣母子》。达·芬奇绘。巴黎卢浮宫博物馆。

第四章

069	1909 年,弗洛伊德在克拉克大学。
070	1906 年的弗洛伊德照片,是他的儿子所摄。
071 上	油画《夏日欲望》。马克西米利安·兰斯(Maximilien Lenz)绘,1900 年。私人收藏。
071 下	素描《小红帽与狼》。古斯特夫·多雷(Gustave Doré)绘。
072 上	博格街 19 号。恩格尔曼摄,1938 年。
072 下	弗洛伊德的涂鸦。华盛顿国会图书馆手稿部。
073 左	楼梯间。恩格尔曼摄,1938 年。
073 右	弗洛伊德诊所门。同上。
074~075	"敌对势力",《贝多芬装饰壁画》局部。克里姆特作,1902 年。维也纳国家纪念馆。
076	石墨与水粉画《裸背》,席勒绘,1911 年。维也纳历史博物馆。
077	彩色铅笔与水粉画《坐姿女郎》。席勒绘,1917 年。布拉格国家画廊。
079	1912 年的荣格。
080	弗洛伊德办公室。恩格尔曼摄,1938 年。
082~083	从入口处看到的陈列柜。同上。
084 上	《意象》扉页,1913 年 4 月号。巴黎国立图书馆。
084 下	弗洛伊德五十大寿时,施韦尔特纳(Carl Maria Schwerdtner)所铸纪念币背面,1906 年。
085	玛莎与弗洛伊德 25 周年结婚纪念日留影,1911 年 9 月 16 日。
086	1909 年,弗洛伊德等人在伍斯特克拉克大学。
088~089	1911 年,魏玛国际精神分析会议相关照片与文件。
090 左	《格拉迪沃》浅浮雕。梵蒂冈基亚拉蒙蒂博物馆。
090 右	沙发脚下。恩格尔曼摄,1938 年。
091	素描仿作《圣安娜与圣母子》,凸显其中的秃鹰造型。见《达·芬奇及其童年的回忆》。
092	弗洛伊德与安娜于 1938 年抵达巴黎。

第五章

093　　汉斯·萨克斯的电影《精神分析》的海报。

094　　格罗德克。

095　　油画《爱与死亡》。瓦茨（G. F. Watts）绘，1856年。布里斯托尔博物馆及艺术画廊。

096　　1919年的弗洛伊德与女儿苏菲，哈尔贝施塔特摄。

097　　露·安德烈亚斯–莎乐美。

098　　1916年的弗洛伊德与儿子恩斯特和马丁。

099　　油画《农神吞噬其子》，戈雅绘，马德里普拉多博物馆。

100　　1920年的阿玛莉亚·弗洛伊德。

101　　安娜·弗洛伊德。

102 右　版画《陀思妥耶夫斯基肖像》。

102 左　1930年歌德奖公告。

103　　漫画中的爱因斯坦、弗洛伊德与施泰纳赫（E. Steinach）。

104　　1922年"委员会"成员在柏林。

105 上　斯蒂芬·茨威格。

105 下　罗曼·罗兰。

106　　摩西雕像。米开朗琪罗为尤利乌斯二世陵墓所作。罗马圣彼得教堂。

107 上　1932年左右的弗洛伊德。

107 中　弗洛伊德根据米开朗琪罗的摩西雕像而作的素描。见其论文《米开朗琪罗的摩西》，1914年。

107 下　弗洛伊德1938年3月22日的笔记："安娜在盖世太保那里。"

108　　位于伦敦梅尔斯菲尔德花园的弗洛伊德家的大门。

109 上　奥斯威辛集中营入口。

109 下　1932年，弗洛伊德在卡尔滕洛特加贝。

110　　巴黎的"西格蒙德·弗洛伊德街"。伊夫·吉约（Yves Guillot）摄。

资料与文献

111　　弗洛伊德的藏书票。

113　　弗赖堡。1845年，佚名画家绘。

114　　1931年，弗赖堡在弗洛伊德出生的房子前举行纪念仪式。

118　　　博格街 19 号，弗洛伊德公寓平面图。

120　　　1929 年，明娜·伯奈斯、玛莎和弗洛伊德的合影。

124　　　《萨尔佩特里临床授课图》（细部）。布鲁耶绘。

125　　　沙尔科教授。版画。巴黎卡纳瓦雷博物馆。

128　　　弗洛伊德为"狼人"画的画。

130　　　版画《小红帽》插图。多雷作。

132　　　版画《狼与七只小羊》。

134　　　1926 年，70 岁的弗洛伊德。哈尔贝施塔特摄。

137　　　1936 年左右，弗洛伊德在博格街 19 号办公室的照片。

139　　　1938 年左右的弗洛伊德。

145　　　版画《金字塔前的波拿巴》。

149　　　1899 年，克劳斯所创《火炬》期刊书名页。

151　　　摘自英国《每日先驱报》（*Daily Herald*），1838 年 6 月 6 日。

152　　　奥地利皇帝弗朗茨 – 约瑟夫（1848—1916 年在位）。

155　　　1935 年左右，被纳粹学生占据的维也纳大学。

索引

A

阿尔弗雷德·阿德勒（Alfred Adler）089

阿尔伯特·爱因斯坦（Albert Einstein）103

阿玛莉亚·纳坦松（Amalia née Nathansohn）003，004，006，011

阿诺德·茨威格（Arnold Zweig）102

埃德蒙·恩格尔曼（Edmund Engelman）082

埃弗拉伊姆·弗洛伊德（Ephraïm Freud）003

《埃涅阿斯纪》（l'Enéïde，维吉尔）066

安德烈·布鲁耶（André Brouillet）026

安娜·O.（贝尔塔·帕彭海姆）[Anna O (Bertha Pappenheim)]　037，039

安娜·弗洛伊德（Anna Freud）093，101，102，106，107

奥古斯特·斯特林堡（August Strinberg）078

奥利维尔·弗洛伊德（Olivier Freud）032

奥斯卡·普菲斯特（Oskar Pfister）087，091，093

奥托·兰克（Otto Rank）104

B

班贝格尔教授（professeur Bamberger）029

布尔格赫尔兹利诊所（clinique du Burghölzli）081，085

布洛伊勒医生（docteur Bleuler）079，081

C

超现实主义者（Surréalistes）041，057

《超越快乐原则》（Au-delà du principe de plaisir）096

催眠（Hypnose）032，035，036，037，038，043

D

达尔文（Darwin）010

《达·芬奇及其童年的回忆》（Un souvenir d'enfance de Léonard de Vnci）069，089，091

第二次世界大战（Seconde Guerre mondiale）102

电疗（Electrothérapie）032，033

《朵拉》个案（Cas Dord）070

E

俄狄浦斯情结（Complexe d'Œdipe）
039，061

《俄狄浦斯王》（Œdipe roi，索福克勒斯）063，064，084

恩斯特·弗洛伊德（Ernst Freud）
060，098

恩斯特·威廉·布吕克（Ernst Wilhelm Brücke）014，016，020

儿童疾病研究所（Institut des Enfants malades）029

F

菲利普·弗洛伊德（Philipp Freud）004

弗赖堡（Freiberg）002，017

弗兰克·韦德金德（Frank Wedekind）078

弗朗茨·瑞克林（Franz Riklin）085

弗朗西斯科·德·戈雅（Francisco de Goya）099

弗里德里希·尼采（Friedrich Nietzsche）078，097

《弗洛伊德自述》（Sigmund Freud présenté par lui-même）014，020，094

富塞利（Füssli）057

G

盖世太保（Gestapo）082，106，107

歌德（Goethe）009，010，101，102

《格拉迪沃》（Gradiva，詹森）089，090

格林施泰德咖啡馆（Café Griensteidl）046

古斯塔夫·克里姆特（Gustav Klimt）072，075

古斯塔夫·马勒（Gustav Mahler）067，078

古斯塔夫·莫罗（Gustave Moreau）064

《国际精神分析杂志》[International Zeitschrift für Psychoanalyse (revue)] 104

H

汉尼拔（Hannibal）009，010，011，013，064

赫尔曼·农贝格（Hermann Nunberg）085

赫尔曼·诺特纳格尔（Hermann Nothnagel）020

《诙谐及其与无意识的关系》（le Mot d'esprit et sa relation à l'inconscient）007，009

《回忆录》（Mémoires，斯蒂芬·茨威格）042

J

《讲义二》（Deuxième Leçon，沙尔科）023

精神分析室（La Naissance de la psychanalyse）082

《精神分析五讲》（Cinq leçons sur la

psychanalyse） 087
精神分析学会（维也纳）[Société psychiatrique(Vienne)] 087
精神分析运动（Mouvement psychanalytique） 072，081，084，097，100

K

卡尔·古斯塔夫·荣格（Carl Gustav Jung） 079，081，084，085，086，087，088，089，090，098，105
卡尔·亚伯拉罕（Karl Abraham） 085，087，093，104
克拉克大学（伍斯特）[Clark University (Worcester)] 069，086，087
"宽恕之屋"（Sühnhaus） 030，031

L

狼人（l'Homme aux loups） 085
勒内·马利亚·里尔克（Rainer Maria Rilke） 097
露·安德烈亚斯－莎乐美（Lou Andreas-Salomé） 088，095，097
鲁道夫·赫罗巴克（Rudolf Chrobak） 042
罗马（Rome） 010，011，013，064，066，067，082，105
罗曼·罗兰（Romain Rolland） 102，105
伦敦（Londres） 026，048，107，108
《论可卡因》（Uber Coca） 021

《论自然》（Sur la nature，署名歌德） 010

M

玛蒂尔德·弗洛伊德（Mathilde Freud） 026，032
马丁·弗洛伊德（Martin Freud） 032，098
马格里特（Magritte） 041，058
马克斯·艾丁根（Max Eitingon） 085，104
马克斯·恩斯特（Max Ernst） 058
马克斯·舒尔（Max Schur） 108
玛丽·波拿巴（Marie Bonaparte） 061，105，106，108
玛莎·伯奈斯（Martha née Bernays） 016，017，019，020，021，022，024，026，031，073，085
梅纳特教授（professeur Meynert） 020，029
梦（Rêve） 039，050，051，052，053，055，057
《梦的解析》（L'Interprétation des rêves） 006，061，064，066，070，081
米开朗琪罗（Michel-Ange） 105，107
莫里茨·冯·施温德（Moritzuon Schwind） 057
摩西（Moïse） 001，003，104，105，107
《摩西与一神教》（roman historique l'Homme Moïse） 105

N

纳粹（Nazis） 061，082，091，106，107

《年鉴》（*Jahrbuch*） 086，087

O

欧内斯特·琼斯（Ernest Jones） 085，086，087，104

Q

乔治·格罗德克（Georg Groddeck） 094

R

让－马丁·沙尔科（Jean-Martin Charcot） 019，021，022，023，024，025，026，028，029，030，032，037

S

萨尔佩特里埃（巴黎）[Salpêtrière (Paris)] 019，021

桑多尔·费伦齐（Sandor Ferenczi） 086，087，100，104

莎士比亚（Shakespeare） 008，009

什洛莫·弗洛伊德（Schlomo Freud） 003

《圣经》（*Bible*） 005，007

《圣安娜与圣母子》（*La Vierge, l'Enfant Jésus et sainte Anne*，达·芬奇） 069，091

世界博览会（维也纳，1873 年）[Exposition universelle de 1873 (Vienne)] 014

施雷伯大法官（président Schreber） 089

斯蒂芬·茨威格（Stephan Zweig） 042，102，105

苏菲·弗洛伊德（Sophie Freud） 096，097

苏黎世（Zurich） 079，085

T

梯也尔（Thiers） 009

《图腾与禁忌》（*Totem et Tabou*） 098

托马斯·曼（Thomas Mann） 102

陀思妥耶夫斯基（Dostoïevski） 078，102

W

万茨贝克（Wandsbel） 029

威廉·弗利斯（Wilhelm Fliess） 001，029，037，039，048，049，050，052，055，060，061，062，064，066，067，073

威廉·赖希（Wilhelm Reich） 096

威廉·斯特克尔（Wilhelm Stekel） 073

《维也纳报》（*Wiener Zeitung*） 066

《文明及其缺憾》（*Malaise dans la civilisation*） 100

无意识（Inconscient） 003，007，009，036，037，041，048，063，089，091，098

X

希波莱特·伯恩海姆（Hippolyte Bernheim） 032，035，036，037

埃贡·席勒（Egon Schiele） 072，075

弗里德里希·冯·席勒（Friedrich Schiller） 009

《歇斯底里研究》（Études sur l'hystérie，弗洛伊德和布罗伊尔） 037

歇斯底里症（Hystérie） 023，025，028，029，037，038，062，063，067，081

小尼莫（Little Nemo） 053，054

《性学三论》（Trois essais sur la théorie sexuelle） 070，072

Y

雅各布·弗洛伊德（Jacob Freud） 003，004，005，006，011

雅克·拉康（Jacques Lacan） 089

亚历山大·弗洛伊德（Alexander Freud） 003

亚瑟·叔本华（Arthur Schopenhauer） 078

《一个幻觉的未来》（L'Avenir d'une illusion） 100

《一个维也纳女孩的故事》（Histoire d'une fille de Vienne，约瑟菲娜·穆岑贝歇尔） 045

伊曼纽尔·弗洛伊德（Emanuel Freud） 004，011

《意象》（杂志）[Imago (revue)] 084，104

维也纳医学院[Faculté de médecine (Vienne)] 016

尤利乌斯·弗洛伊德（Julius Freud） 003

约瑟夫·布罗伊尔（Joseph Breuer） 037，038，039，049

Z

《詹森〈格拉迪沃〉中的谵妄与幻梦》（Délire et rêve dans la « Gradiva » de Jensen） 089

维也纳综合医院[Hôpital général(Vienne)] 020，021

图片版权

Angel-Sirot 009, 105h, 105b. Archives Gallimard 094. Artephot/Baboy 057h. Artephot/Faillot 057b. Artephot/Hold (© Spadem) 059. Artothek 056. Bibliothèque Charcot, le Salpêtrière, Paris 019, 023b, 023d, 023g, 028h. Bridgeman/Giraudon 099. Bundesdankmalamt, Vienne 074–075. Centre de documentation juive 109h. Christie's, London 007. City of Bristol Museum and Art Gallery 095. Collection Viollet 022, 067h, 145, 155. Photo Harlingue Viollet 061, 102d. D.R. 008, 021, 026–027, 040 (© Adagp) 054, 061, 062, 091, 111, 118, 128, 130, 132, 149. Dagli-Orti 012–013, 042, 044–045. E.T. Archives, Londres 004, 015. © Edmund Engelman, New York 043, 050, 050–051, 072h, 073g, 080, 082–083, 090d. Freud Museum, London/Sigmund Freud Copyrights 001, 003b, 039b, 041, 100, 101, 114, 151. Giraudon 068. Historidches Museum, Vienne 047, 076. J.-L. Charmet 024g, 024d, 029h, 029b, 032, 036h, 037h, 036b, 037b, 084h, 125. La Vie du rail, cliché Michel Barberon 053. Mary Evans Picture Library 152. Mary Evans/ Sigmund Freud Copyrights 003h, 005m, 005, 006, 011, 014, 016, 016–017, 017, 018, 020h, 020b, 030, 033, 037d, 037g, 039h, 048h, 049, 052, 060h, 060b, 066, 067b, 069, 070, 079, 084b, 085, 086, 088, 092, 093, 096, 097, 098, 102g, 103, 104, 107b, 107m, 108, 109b, 113, 120, 134, 137, 139. Narodni Galerie, Prague 077. Nationalmuseum, Stockhom 034-035, Réunion des Musées nationaux, Paris 077. Scala 063, 090g, 106. Sigmund Freud Collection, Manuscript Division, Library of Congress, Washington D. C. 072b. Sotheby's London 071h. Tate Gallery 058. Weimar, Nationale Forschungs und Gedenkstatten der klassischen deutschen Literatu in Weimar, GoetheNationalmuseum 010. Yves Guillot 110. © Adagp 058.

文化篇

《卢浮宫：艺术回忆录》
《乔治·蓬皮杜艺术中心：被误解的博堡年代》
《文字：人类文明的记忆》

历史篇

《玛雅：失落的文明》
《庞贝：被埋没的城市》
《美索不达米亚：文明的诞生》
《印加：太阳的子民》
《阿兹特克：破碎的帝国命运》
《古埃及：被遗忘的文明古国》
《伊特鲁里亚：一个神秘的时代》

科学篇

《爱因斯坦：思想的快乐》
《玛丽·居里：科学的信仰》
《弗洛伊德：疯狂中的真理》
《达尔文：进化的密码》
《伽利略：星星的使者》
《宇宙的命运：大爆炸之后》

文学篇

《普鲁斯特：时间的殿堂》
《波伏瓦：书写的自由》
《托尔斯泰：伟大而孤独的文学巨匠》

艺术篇

《莫扎特：众神所爱》
《罗丹：天才之手》
《贝多芬：音乐的力量》
《毕加索：天才与疯子》
《达达主义：艺术的反抗》